Relembrando o que escrevi: da reconquista da democracia aos desafios globais

Fernando Henrique Cardoso

Relembrando o que escrevi: da reconquista da democracia aos desafios globais

ORGANIZAÇÃO
Miguel Darcy de Oliveira

CIVILIZAÇÃO BRASILEIRA

Rio de Janeiro
2010

COPYRIGHT © Fernando Henrique Cardoso, 2010

CIP-BRASIL. CATALOGAÇÃO-NA-FONTE
SINDICATO NACIONAL DOS EDITORES DE LIVROS, RJ

      Cardoso, Fernando Henrique, 1931-
C262r   Relembrando o que escrevi : da reconquista da democracia aos desafios globais / Fernando Henrique Cardoso. – Rio de Janeiro : Civilização Brasileira, 2010.

      ISBN 978-85-200-0958-1

      1. Ciência política. 2. Poder (Ciências Sociais). 3. Democracia. 4. Desenvolvimento econômico – Brasil. 5. Globalizacão. I. Título.

09-4251
                                          CDD: 320
                                          CDU: 32

Todos os direitos reservados. Proibida a reprodução, armazenamento ou transmissão de partes deste livro, através de quaisquer meios, sem prévia autorização por escrito.

Direitos desta edição adquiridos pela
EDITORA CIVILIZAÇÃO BRASILEIRA
um selo da
EDITORA JOSÉ OLYMPIO LTDA.
Rua Argentina 171 – 20921-380
Rio de Janeiro, RJ – Tel. 2585-2000

Seja um leitor preferencial Record.
Cadastre-se e receba informações sobre nossos lançamentos e nossas promoções.

Atendimento e venda direta ao leitor:
mdireto@record.com.br ou (21) 2585-2002

Impresso no Brasil
2010

EDITORA AFILIADA

Sumário

Prefácio
Miguel Darcy de Oliveira
7

Apresentação
Fernando Henrique Cardoso
11

Liberdade e democracia
15

Esquerda e política
55

Sociedade e Estado
87

Desenvolvimento e globalização
119

Esperança e futuro
153

Referências
189

Prefácio

Miguel Darcy de Oliveira

FHC é um "intelectual público": sociólogo, professor, político, estadista. Interlocutor de Bill Clinton, Nelson Mandela e Felipe González tanto quanto de Manuel Castells, Amartya Sen e Anthony Giddens. *Relembrando o que eu escrevi: da reconquista da democracia aos desafios globais* refaz a trajetória de um pensamento em ação. Textos e falas em contextos diversos revelam o fio de uma vida.

O livro está organizado em cinco grandes capítulos, cujos títulos falam por si: liberdade e democracia, esquerda e política, sociedade e Estado, desenvolvimento e globalização, esperança e futuro.

Contei com a ajuda preciosa de Danielle Ardaillon, fiel guardiã do acervo do Instituto Fernando Henrique Cardoso, na pesquisa dos textos.

Na seleção das passagens, devo dizer que privilegiei o que considero um dos traços mais marcantes da visão de Fernando Henrique Cardoso. A busca do emergente, do que surge nas margens, a interrogação do que é pressentido mais do que a repetição do já sabido.

Este olhar voltado para o novo é inerente a um pensamento a contra-corrente, ao mesmo tempo em diálogo e ruptura com esquemas preestabelecidos. Daí o esforço constante de superar polaridades que aprisionam mais do que libertam como liberdade versus igualdade, esquerda versus direita, público versus privado, nacional versus global.

As palavras e ideias de Fernando Henrique exprimem também uma visão resolutamente otimista sobre a possibilidade da mudança entendida como esforço constante de ampliação do campo do possível. Sem sacrificar, no entanto, sob qualquer pretexto, valores inegociáveis como liberdade e democracia.

Da crítica aos laços de dependência que dificultam o desenvolvimento à análise da globalização, da reforma do Estado à valorização da sociedade civil, do fortalecimento de uma democracia substantiva à construção de uma governança mundial, são sempre valores que orientam o caminho. Os fins não justificam os meios. Eles se fazem presentes nos meios ou perdem sentido.

Os temas em debate se situam na intersecção entre política, economia e cultura. Mesmo em situações de forte assimetria de poder, alternativas existem. Aproveitá-las é um desafio à imaginação e à inteligência coletivas. Daí a interrogação constante sobre os novos atores dos processos de mudança.

Os textos e as falas de Fernando Henrique exprimem uma visão de mundo. Elogio do diálogo ao invés do monólogo, do pensamento crítico ao invés da ideologia, da tolerância ao invés do fanatismo, do convencimento pelo argumento ao invés da retórica vazia e demagogia.

A cada leitor(a) de formar sua opinião sobre se as ideias de Fernando Henrique mudaram ou não ao longo do tempo. E, se mudança houve, na medida em que o mundo mudou, indagar se repensamentos e reconceituações significam negação do passado ou atualização de um mesmo conjunto de ideias-força frente a novas realidades.

Dentro de cada capítulo, os textos estão organizados por ordem cronológica. Na seleção das passagens, dei prioridade a entrevistas e artigos dos anos 1970 e 1980, memória das lutas pela democracia, mais distantes no tempo e de acesso mais difícil aos leitores mais jovens.

Nas falas mais recentes, perpassa a inquietação com o vazio deixado pela crise das grandes narrativas e o desafio da reconstrução do sentido em tempos de incerteza. O olhar de Fernando Henrique para o futuro aponta para a busca de um novo equilíbrio entre liberdade individual e solidariedade social enquanto fermento de um novo espírito cívico capaz de transcender tanto o individualismo possessivo quanto o coletivismo asfixiante.

Em seu pensamento a democracia, definida como a grande causa de sua geração, é sempre uma obra em aberto, uma construção em processo, enraizada na história e na cultura de cada sociedade. É preciso estar atento aos riscos de regressão autoritária. A liberdade, gosta de dizer Fernando Henrique, é como o ar. Só nos damos conta de sua importância quando a perdemos.

Em conferência recente na Universidade de Yale sobre as consequências políticas da crise econômica global, ele lembrou a advertência feita por Hugo Hoffmanstahl na Viena cosmopolita do início do século XX sobre o crescente poder dos demagogos em tempos de crise: "Política é magia. Aquele que sabe como conjurar as forças das profundezas, este será seguido."

O melhor antídoto contra este risco é o fortalecimento de uma democracia viva, sustentada por cidadãos capazes de pensar pela própria cabeça.

Não foram outras as palavras com que Primo Levi concluiu *Se este é um homem*, admirável livro de testemunho sobre sua experiência em Auschwitz: "Visto que é difícil diferenciar entre os verdadeiros e os falsos profetas, mais vale desconfiar de todos os profetas; mais vale renunciar às verdades reveladas, mesmo se elas nos exaltam por sua simplicidade e esplendor. Mais vale se contentar com outras verdades, mais modestas e menos entusiasmantes, aquelas que se conquistam cada dia, pouco a pouco, com o estudo, a discussão e o discernimento."

Apresentação

Fernando Henrique Cardoso

É difícil avaliar e selecionar o que alguém disse em entrevistas ou escreveu em textos de jornal publicados décadas atrás. As matérias em geral respondem a questões muito contextualizadas. Tive a sorte de encontrar em Miguel Darcy a disposição de fazer a seleção dos textos com a sensibilidade, a amplitude de visão e a objetividade que eu dificilmente teria. A junção dos textos de maneira a dar-lhes significado que isoladamente talvez não tivessem foi proeza de Miguel, não minha. Tampouco haveria acesso a revistas, jornais e livros que publicaram essas entrevistas e artigos não fossem o critério, a dedicação e a persistência de Danielle Ardaillon que há cerca de trinta anos cuida de meus arquivos. A publicação não se concretizaria, por sua vez, se a Record e em especial Sergio Machado e Luciana Villas-Boas não me tivessem estimulado a remexer papéis desgastados pelo tempo e dar-lhes vida nova. Este livro é, portanto, tanto meu quanto deles, embora eu seja o único responsável por seu conteúdo.

Relendo o que disse nessas entrevistas e textos, que abrangem mais de trinta anos, de 1972 a 2006, confesso que me surpreendi. É certo que muita coisa mudou e também eu mudei minha apreciação sobre algumas coisas. Mas as orientações gerais são as mesmas, os valores fundamentais continuam a ser os antigos. Se houve *aggiornamento* foi mais na forma do que no conteúdo, quando não na discussão de questões que a própria história foi colocando em novas bases.

Na década de 1970 e mesmo no começo dos anos 1980 o desafio era a redemocratização. Pode mesmo parecer de menor significação para quem não viveu no período a importância de dizer certas palavras: falar de tortura e de arbítrio, por exemplo. Hoje é fácil. Naquele tempo a menção poderia ter um custo imediato. Era preciso, embora temendo, arriscar-se. Sem riscos equivalentes, pois neste caso a discussão se dava no campo dos que se opunham à ditadura, tampouco era fácil pregar a necessidade de apoiar o MDB e propugnar por um amplo movimento da sociedade civil como forma de combate ao regime autoritário. Na época a esquerda que se julgava "verdadeira" empunhava armas e a intelectualidade progressista, mesmo sem sair de casa, torcia por ela e desconfiava de roteiros democráticos. Hoje somos todos democráticos, abominamos a violência e nos horrorizamos com os desmandos dos que comandaram o país no passado. Tanto assim que antigos apoiadores do regime militar são agora — sem que eu reprove suas mudanças de opinião nem os desqualifique — até mais entusiastas dos governos democráticos do que antigos militantes da esquerda.

Já as discussões sobre o relacionamento entre Estado e sociedade, sobre os movimentos sociais ou sobre o papel do Estado na economia são questões mais analíticas e às vezes instrumentais do que valorativas. Sujeitam-se, portanto, mais a nuances e mesmo mudanças de apreciação. Não obstante, relendo o que disse e escrevi, acho que modificaria muito pouca coisa hoje. Note-se que, sobretudo nas entrevistas, as opiniões aparecem despidas de academicismo e menos cuidadas do que em livros ou publicações científicas. Há, portanto, maiores possibilidades de imprecisão e deslizes intelectuais. Mesmo assim, não vejo necessidade, em geral, de dizer que hoje pensaria ou diria de outro modo.

Não quero escrever uma apresentação para justificar ou modificar as opiniões recolhidas neste livro. O que disse e escrevi, mesmo sendo marcado pelo momento histórico, expressa meu modo de ser, pouco preocupado com a permanência das coisas e, como Miguel Darcy notou, mais interessado em vislumbrar o "novo", ainda que as torres que tento construir para vê-lo estejam em andaimes. Não sinto necessidade de esquecer nada do que escrevi. A maioria dos que gostariam que eu tivesse querido esquecer o que pensava nunca ouviu ou leu o que disse ou escrevi. Este livro permite que quem esteja interessado em tais julgamentos verifique com mais acuidade se mudei muito, pouco ou nada, embora a última alternativa me condene a ser um intelectual propenso ao dogmatismo, o que espero não ser.

Para finalizar, quero dizer que fiquei surpreso com o que escrevi antes da crise do ano passado sobre o "capitalismo dos derivativos", sobre os riscos que ele acarretaria e sobre as medidas necessárias para regulá-lo. Escrevendo ou falando nos anos 1990 ou no início deste século parecia estar comentando a crise atual. Perspicácia de análise? Provavelmente nem tanto: é que as uvas já não estavam verdes havia muito tempo, mas apodrecidas. Como tantos outros não preguei no deserto, mas na floresta de interesses dos que estavam ganhando e não teriam vantagem em ouvir, e nada mudou. Desde suas origens é assim que funciona o sistema capitalista. Contém sempre um elemento de especulação e de irracionalidade, sem o qual talvez se estiole. Em dado momento parece que o cassino ocupa a cena principal do mercado e promove a felicidade geral até que... Bem, até que as bolhas estourem, ocorram as perdas, a recessão, o desemprego. Mas convém evitar ilusões de que as crises trazem por si modificações estruturais. Passado o susto, tudo volta à "normalidade", com ganhadores e perdedores, dando a impressão do eterno retorno. A cada reviravolta, contudo, a sociedade, o mercado e seu modo de se entrelaçar e de funcionar ganham novos contornos. Não fosse assim a História, que é quase sempre inesperada, perderia a graça e as pessoas perderiam as necessárias ilusões e motivações para construir um mundo melhor.

Posso ter estado certo ou errado na tomada de posições políticas ou na análise de situações. Embora pudesse estar iludido, minha motivação sempre foi a de que é possível lutar por um mundo melhor para as pessoas e as instituições. Mesmo quando parece que estamos dando murros em ponta de faca, como nos anos de chumbo do autoritarismo ou quando parece que estamos perdendo a onda do crescimento econômico, é preciso não perder as esperanças. Diga-se o mesmo sobre os dias que correm quando nova maré corporativista, novo horror a iniciativas que não sejam controladas pelo governo e novos estímulos à corrupção inerente a essas situações parecem avolumar-se. Se lutarmos, também esta onda passará.

Liberdade e democracia

O tema da democracia me foi colocado na carne com o golpe de 1964 e o exílio. Democracia tem uma importância vital, não é só uma teoria.

Nos anos 1970, enxergamos a democracia não como uma tática, mas como um valor, e descobrimos a sociedade civil como ator, como forma e espaço de atuação política.

Uma austera, apagada e vil tristeza
[*Opinião*, 27 de novembro a 4 de dezembro de 1972]

A oposição legal tem de definir-se sobre o quadro político-institucional. Deve assumir riscos e enfrentá-los com bravura. Sem pedir permissão e sem fazer tudo o que seu lobo mandar. Um pouco do espírito da antiga banda de música da UDN não faz mal a qualquer oposição. Em certos momentos é proibido gritar. Que se fale, ao menos. Que se sussurre.

Seria ilusório, entretanto, pensar que uma oposição desse estilo pode amoldar-se aos quadros partidários criados com o Ato II e congelados pelo Ato V. Arena e MDB não são partidos na acepção real do termo.

Assim, o programa de reinstitucionalização e, mais do que ele, a criação de um estado de espírito e de formas de pressão que permitam colocar mais a fundo os problemas de base do "modelo político" dependerão da participação ativa dos formadores de opinião, independentemente de seus rótulos partidários e do fato de estarem dentro ou fora "da política" tal como o Sistema a define. É uma tarefa mais ampla e, como se dizia no passado, cívica. Ou seja, civil e dos cidadãos.

Em certos momentos é proibido gritar. Que se fale, ao menos. Que se sussurre.

Gladiadores de marionetes
[*Opinião*, 15 a 22 de janeiro de 1973]

A repressão policial não é exclusiva do Brasil: a guerra da Argélia não pertence a um passado tão longínquo que permita esquecer que a França da *liberté, égalité et fraternité* sujou suas mãos com o sangue arrancado de corpos amarrados entre quatro paredes. Daí a optar pela barbárie em nome do "desenvolvimento" e pensar que o crescimento econômico e o progresso técnico requerem banditismo, guerra, [...], apatia etc. vai um passo não só muito grande, mas mágico.

Essa era a visão da história que teve seu lado mais repugnante em Hitler, seu lado fanfarrão, e nem por isso menos lastimável, com Mussolini, e seu lado de degradação burocrático-totalitário com o Stalin de certos períodos.

Existe margem para ações corretivas enérgicas. Se é certo que a tendência predominante no Estado encaminha-se para o tecnoburocratismo e para a arbitragem corporativa das Forças Armadas, existem ainda forças que, de dentro da máquina político-estatal, a isso se opõem. E, principalmente, a "sociedade civil" — ou seja, a vida econômica, a vida privada, a ordem social — não funciona ainda como peça ajustada a um Estado corporativo. Existe base, portanto, para levantar as questões políticas fundamentais, de liberdade, responsabilidade e circulação de informações.

As concessões temerárias

[*Opinião*, 29 de janeiro a 5 de fevereiro de 1973]

A construção política legítima, no quadro de sufocação e repressão vigente, é precisamente a reconstrução dos canais que assegurem o direito à discórdia e a grandeza do conflito aberto.

Os donos da República [...] abominam a discórdia, a discussão, as lutas de oposição. Veem em tudo isso sintomas de enfraquecimento da solidariedade nacional, brechas para o inimigo interno penetrar. Não percebem, talvez, que a solidariedade nacional e a inteireza da pátria acabarão por ter o ânimo e a resistência dos robôs. Ao primeiro parafuso que se quebre, os homens de pedra estarão prostrados, de joelhos, à mercê dos ventos que soprarem. Nem se pode pensar que fazer oposição signifique pretender a "volta ao passado". **A construção política, no quadro de sufocação e repressão, é a reconstrução dos canais que assegurem o direito à discórdia e o conflito aberto.**

O passado, por sorte sob alguns aspectos, não voltará. A tarefa de buscá-lo como se fosse um Éden perdido é de Sísifo. Não se deve imaginar que houve uma idade de ouro, roubada ao horizonte atual de novas possibilidades. É preciso pretender formas de participação que levem em conta as transformações sociais e econômicas do país.

Os impasses da cultura
[Entrevista a Zuenir Ventura, *Visão*, agosto de 1973]

Mesmo quando as condições são muito adversas, a intelectualidade vive. Se a gente se lembra do que acontecia com os *enciclopedistas* na França — aquela luta constante para saber se sai ou não sai, se vai preso ou não, se está exilado ou não — talvez até se chegue à conclusão de que a normalidade é essa convivência entre a tentativa de impedir e o esforço de fazer. E nós não escapamos disso no Brasil. Mas aqui, politicamente, a questão está em que não se admite o ponto de vista do outro, o *discordo*. O *discordo* aqui é tomado como se fosse deslealdade ou subversão.

Não podemos pensar em democracia enquanto não entendermos que democracia significa uma forma de canalizar e de permitir a convivência do conflito e não apagar o conflito. Apagar o conflito é uma atitude totalitária. O conflito é uma coisa natural e deve-se permitir que ele exista e se manifeste, desde que um lado não queira esmagar o outro, mas que permita uma dinâmica que seja construtiva.

O desenvolvimento econômico levou à diversidade. Num país como o Brasil, para se estancar o ritmo da vida tem-se de impor um regime totalitário e que tenha arregimentação partidária. Aí sim, você fica com medo do seu vizinho. Mas ainda não estamos numa situação equivalente no Brasil. A repressão ainda não invade privadamente a vida. Há tentativas, mas a repressão ainda é um fato diretamente ligado ao Estado. Quando o Estado determina, vai lá o censor e para.

[...]

Eu dou entrevistas a quem me pede, desde que seja uma coisa séria. Se vão cortar não sou eu. Temos de criar a legitimidade da discórdia, construir pela persistência a democracia, não só no Estado mas em tudo, obrigando, literalmente obrigando, os que não têm essa visão democrática a engolir a pílula.

Em grande parte a autocensura é fruto do medo. Isso é justificado. Quem de nós não teve medo ou não tem ainda? Mas a gente tem de ir marcando, tateando, as fronteiras do possível. É uma luta entre a imposição de fora e a nossa vontade. O intelectual tem de estar na fronteira do possível. Mesmo que esteja aquém daquilo que ele pretenda — e no momento está — ele deve tentar ampliar essa fronteira.

O *discordo* é tomado como se fosse deslealdade ou subversão. Apagar o conflito é uma atitude totalitária. A gente tem de ir tateando as fronteiras do possível. É uma luta entre a imposição de fora e a nossa vontade.

Não acredito muito nas posições que põem entre parênteses o mundo. O sujeito fica calmo com a sua consciência e diz: "Não concordo com isso, logo dou as costas". Diga: "Não concordo, não dou as costas e tenho de mudar." A maior restrição à liberdade de criação não é externa, é interna. Depende de sermos capazes, termos imaginação e coragem de ir propondo questões. Questões que têm de ser incômodas. O intelectual ou é incômodo ou não é nada: em qualquer circunstância, em qualquer regime.

O intelectual é, por definição, um ser incômodo: pergunta, chateia. E ninguém gosta de responder a certas perguntas. Em primeiro lugar, não deve ceder à autocensura nem se acovardar intimamente. Mas não acredito que bravatas resolvam situações do tipo das nossas.

Isso aqui não é um grupo partidário: a composição interna nossa é absolutamente pluralista; várias formações culturais, várias inclinações até políticas. Todos achamos que é preciso encontrar formas de convivência e de discussão. Temos de alargar as fronteiras do permitido e tentar ampliar o grau de consciência da situação brasileira.

O intelectual é incômodo ou não é nada. É preciso ir tecendo os fios da sociedade civil para que ela possa contrabalançar o Estado.

A questão da democracia
[*Debate & Crítica*, julho de 1974]

É preciso ir tecendo os fios da sociedade civil de tal forma que ela possa expressar-se na ordem política e possa contrabalançar o Estado, tornando-se parte da realidade política da nação. Esse processo impõe uma ampla revisão de valores e exige que as várias nuanças do espectro político brasileiro, de um lado a outro, assumam a contemporaneidade da vida cotidiana atual. À ligeireza das sínteses ideológicas extremas é preciso contrapor o peso das exigências concretas do trabalho e da ação. À superação verbal fácil dos problemas reais em nome de um futuro mistificado (que seja o do Brasil potência ou o da igualdade imediata) é preciso contrapor o desafio das reivindicações específicas, que são múltiplas e diferenciadas, de cada grupo ou setor ou classe social.

Não como uma forma de escapismo ou como a aceitação passiva das atuais condições de existência, que são inaceitáveis, mas como um aprendizado para a existência política, como uma disciplina para os que dirigem e para as bases, que ensine a crer na necessidade, na possibilidade e na legitimidade da reativação da sociedade.

É nesses termos que tem sentido pensar-se em redemocratização e preparar-se para ela. Como prática cotidiana, e não como um gesto de benevolência de cúpulas esclarecidas, que dificilmente poderão passar da intenção ao ato se não houver estruturas reais de apoio político e formas organizadas de pressão a partir dos segmentos da sociedade que não estão encastelados no Estado.

O autoritarismo e a democratização necessária
[*Cadernos de Opinião*, 1975]

Desde o título do livro — *Autoritarismo e democratização* — uso a noção de autoritarismo. Com ela não pretendo furtar-me à responsabilidade política de caracterizar como ditatorial o regime e de dizer que valorativamente a ele me oponho e me repugnam suas formas de violência simbolizadas por uma palavra de dura experiência para muitos brasileiros: tortura.

Uma palavra de dura experiência para muitos brasileiros: tortura.

As injustiças e o silêncio
[*Folha de S.Paulo*, 24 de outubro de 1976]

Sem que o governo transforme em meta nacional a reconstrução do país em proveito dos brasileiros, e não das empresas, sem que se admita que o mal não está em denunciar injustiças e desigualdades, mas em mantê-las, a violência e os desatinos continuarão germinando e o silêncio do medo e da suspeita funcionará como a grande cortina que separa o Estado da nação.

A questão da democracia contemporânea
[*Folha de S.Paulo*, 17 de julho de 1977]

Democracia não é a ilusão do consenso nem é a decorrência de valores supostamente sustentados pelos interesses econômicos, como alguns apregoam. É o reconhecimento da diversidade e do conflito de interesses.

A partir da legitimidade da discordância e do conflito de interesses pode haver a negociação das soluções. Essas variarão em cada conjuntura, conforme a correlação real de forças permitir. Se não for isso, a democracia ou é a "ilusão liberal-burguesa" de que todos são iguais, sem o ser, ou é um utopismo sem força política dos que creem que basta conhecer a verdade para que ela se estabeleça pela vontade da maioria. A política, entretanto, não equivale à revelação mística e no seu reino os bem-aventurados não são os pobres de espírito.

Quando não se aceita que existe uma diversidade de interesses e que a força relativa deles é desigual, tem-se à direita um totalitarismo que, às vezes, soma-se à força e impõe, em nome da pátria ou dos destinos manifestos do povo, o consenso que deriva de os mortos não opinarem; e à esquerda se tem um consensualismo "de massas", também autoritário e que, quando não se assenta numa análise da correlação de forças, mal se enuncia e é levado de roldão pela repressão direitista. Em qualquer dos casos, a democratização passa longe.

Neste ponto pergunto: será que temos levado ao debate político ideias realmente novas? Responder pela afirmativa, além de presunçoso, parece-me discutível.

Continuamos pensando que estamos no século XIX e que a determinação da "contradição principal" é suficiente para resolver as questões políticas. Repetimos o óbvio: que existem conflitos entre o capital e o trabalho. Mas nos esquecemos não só de que além de feijão existe o sonho, mas que as demandas culturais e sociais contemporâneas repõem as necessidades básicas noutros planos: como se vive nas cidades, a poluição, o espaço para a liberdade privada (o divórcio, o amor, a educação dos filhos), o problema da "maior minoria" constituída pelas mulheres (que a rigor são uma maioria minorizada), os problemas dos negros, dos índios, da terra, da segurança, dos acidentes no trabalho e no lazer, da ecologia etc. são temas que se entrelaçam com a oposição entre capital e trabalho e que, numa ótica política não obsoleta, constituem a trama vivida da questão social e da econômica.

Democracia é o reconhecimento da diversidade e do conflito. Não é a "ilusão liberal-burguesa" de que todos são iguais nem um utopismo sem força política dos que creem que basta conhecer a verdade para que ela se estabeleça.

Falar de democratização implica falar de tudo isso, articulando-se os temas, propondo-se opções, organizando-se as opções, preparando-se o espaço político não para o "caos contestatório" que é o limite que a falta de imaginação policial-fascista quer dar à nossa imaginação e à nossa ação, mas para uma participação substantivamente democrática.

Chega de retórica
[Entrevista a Geraldo Hasse. *Veja*, 3 de agosto de 1977]

— *O senhor fala em "democracia substantiva". Por que "substantiva"?*

— Não fui eu quem inventou a expressão, mas democracia não é apenas a forma de organizar o Estado e sua relação institucional com a sociedade. Democracia é um processo que vai à raiz das relações sociais. Ela não se esgota, portanto, no plano formal. Não se pode pensar na ideia de democracia sem pensar no estado de direito, pois sem um conjunto de regras estatuídas, cai-se numa situação de arbítrio. Mas isto não basta. No Brasil fala-se muito em "nossa tradição democrática", etc. Ora, substantivamente, nunca houve democracia no Brasil.

Substantivamente nunca houve democracia no Brasil. Utopias e planos salvadores não nos faltam. O que falta é começar a fazer a democracia.

— *No caso brasileiro, então, o que é democratizar substantivamente?*

— É o seguinte: além do estado de direito, que implica *habeas corpus*, liberdades, Constituição etc., é traduzir essa prática de liberdade no atendimento às necessidades fundamentais da população, isto é, emprego, renda, educação, saúde e participação.

— *Não temos, no momento, o estado de direito tradicional. Como chegar, sem ele, à democracia substantiva?*

— Essa é a real questão. Eu tenho dito que política é travessia, é caminho, não é proclamação de objetivos. Por isso eu também falo em realismo utópico: é preciso ter um horizonte de opções para escolher. Mas se nós concentrarmos toda a atenção no modelo, não caminhamos nada. Ficamos discutindo no clube dos sábios a República ideal. E por aí não se vai longe. Por quê? Porque as utopias estão dadas, não adianta discutir muito. A questão é como, na prática, vamos nos aproximar das utopias.

— *No lado prático, então, como ficam as coisas?*
— A melhor forma para mim é correr o risco. É começar a fazer democracia.

— *De um lado, abrem-se opções além da elite; de outro, fecham-se os canais de participação. Como se explica a contradição?*
— Quem produziu a pressão por participação além das elites não foi o regime. Foi o próprio processo de crescimento econômico da sociedade e o fato de que essa sociedade está vinculada a um sistema internacional. O modelo que está sendo implementado não é um modelo de automatização, de autarquia. É essencial para o crescimento econômico ter um fluxo de ideias. Aqui você não pode fechar totalmente porque é preciso ter desenvolvimento tecnológico. E isso produz um efeito que é contraditório.

Política é travessia, é caminho — não é proclamação de objetivos. Por isso falo em realismo utópico. A questão é como na prática, vamos nos aproximar das utopias.

— *Como sair desse processo?*
— É preciso ter certo gosto de estadista. É preciso correr o risco. É nessa altura que aparece o problema do realismo utópico: é preciso ter alguma ideia a respeito do tipo de sociedade que se quer, do tipo de controle que se deve ter. E, como no Brasil o processo é muito complicado, fica mais fácil fazer diagnóstico a nível estrutural do que a nível conjuntural.

— É por isso que o senhor diz que se fica a fazer retórica?
— Nós frequentemente substituímos a vida pelas ideias, o fluxo real por um clichê bem-intencionado. Existe no Brasil a ideia de que a diversidade não é legítima, tanto que se vive buscando o consenso, em nome do interesse da nação. Ora, quem busca consenso é regime autoritário. Democracia, não. Democracia é o reconhecimento da legitimidade do conflito, a busca da negociação, é a procura de um acordo, sempre provisório, em função da correlação de forças.

— Há uma tendência para conciliar democracia e mais igualdade social em propostas apresentadas ultimamente por intelectuais?
— No leque das opções que estão postas existe uma tendência socialista. E quem não em entender que na sociedade brasileira há uma corrente de opinião socialista não entende o que está acontecendo e não entende o que significa democratização. Democratizar significa justamente englobar todas as tendências. Isso pode doer nos ouvidos de algum direitista mais sensível, mas é uma verdade elementar: não existe possibilidade de falar numa democracia substantiva no Brasil sem reconhecer a legitimidade de uma tendência socialista.

Quem busca consenso é regime autoritário. Democracia é o reconhecimento do conflito, a busca da negociação. O futuro fica em aberto, pois seria querer resolver pela palavra o que não foi ainda resolvido pela vida.

— Não é utopia demais querer uma democracia em que as coisas se resolvem pelo debate?
— Numa sociedade pouco democratizada e cheia de traços elitistas como a nossa, não vejo muita possibilidade de passar do pior para o melhor dos mundos. Mas no momento acho que é possível aumentar as áreas de negociação, legitimar mais temas,

legitimar a participação de grupos que não participam, como os populares. O futuro fica em aberto, pois aí seria querer mesmo resolver pela palavra o que não foi resolvido pela vida.

Democracia, simplesmente
[*IstoÉ*, 3 de agosto de 1977]

— *Como o sr. acha que a sucessão presidencial e a situação econômica vão afetar a distensão política, se é que essa ideia ainda existe?*
— O plano de distensão do general Geisel era muito limitado. Nunca se considerou um dado básico: que havia eleições (em 1974) e que o governo poderia perder. Nunca foi considerado que a sociedade poderia ter-se autonomizado, que tivesse surgido sociologicamente um *partido*. Não é o MDB: quero me referir a uma opinião que transcende muito o quadro partidário do MDB. Uma opinião democrática. O que as eleições de 1974 mostraram é a existência de uma opinião democrática que não se restringe ao setor das classes altas. Há uma opinião democrática popular. Todo o ano de 1974, quando falavam de distensão, subentendia-se a vitória da **Arena**, a qual permitiria que fossem paulatinamente abrindo as comportas. A eleição veio mostrar a ingenuidade dessas expectativas. O dique rompeu-se.

— *Mas, afinal, para onde vamos?*
— Falei várias vezes em ativação da sociedade civil. Deixar que os grupos sociais manifestem o que querem. Ou estabelecemos um sistema desse tipo ou não se vai para a frente. Um sistema desse tipo (aqui entra a democracia substantiva) não é só ao nível das relações entre governo e Parlamento. É mais do que

isso. Não há possibilidade de levar para a frente um processo democrático se não se criarem simultaneamente canais de expressão e de liderança.

Os males do presente e as esperanças do futuro
[*Folha de S.Paulo*, 8 de janeiro de 1978]

O desafio que se apresenta será o de, mantendo a unidade fundamental da frente política contra a bionocracia, que é o MDB, começar a articular a base da sociedade por um programa positivo de ação oposicionista. Assim como as eleições diretas são o Waterloo dos que querem resolver a quadratura do círculo da democracia afastando o povo das eleições, a articulação entre as classes populares, dos trabalhadores em especial, em torno de ideias que digam algo a mais sobre o que se quer fazer com o Estado, como se deseja construir uma economia que não seja para assegurar privilégios e que formas substantivas dar à democracia para que ela não se desfigure de "aperfeiçoamento" em "aperfeiçoamento", constituem o leito de Procusto das oposições.

1978 será o ano da regeneração. Sem igualdade como meta e organização das forças sociais como condição para obtê-la, o fosso entre regime e sociedade aumenta e o sistema institucional será percebido pelo povo como manipulação das elites.

A esperança do futuro dependerá em grande parte da criatividade que demonstrarmos em 1978 para forjar os partidos e propor as ideias ordenadoras que possam fazer o travejamento de uma sociedade que, pela força de sua própria expansão, rompeu o ponto de equilíbrio.

Quem sabe — são meus votos — 1978 será o ano da regeneração. Da divergência aberta como fundamento da democracia. Do pensamento que se articula publicamente para que o voto tenha o sentido deliberativo de quem teve a informação e optou depois de analisar, sem o qual eleição vira plebiscito pinochetista. Da construção de uma democracia que irá diretamente ao grão: sem igualdade como meta e sem organização das forças sociais como condição para obtê-la, o fosso entre regime e sociedade aumenta e o sistema institucional será percebido pelo povo como manipulação das elites.

Perspectivas da oposição

[Texto escrito em fevereiro de 1978 e publicado em *Perspectivas – Fernando Henrique Cardoso: ideias e atuação política*, org. Eduardo P. Graeff, 1983]

Sou favorável a um programa político para o Brasil que estimule políticas mais *igualitárias* (na distribuição da renda, na divisão do bolo entre as regiões do país, no estilo de produção industrial que será implantado etc.) e que assegure maior *participação popular* nas decisões e no controle das políticas. Isso de modo amplo: não só — embora a partir daí — por meio de eleições diretas e da *democratização interna* dos partidos, mas na discussão pública das questões nacionais.

[...]

Sou favorável também a uma política de defesa dos interesses nacionais que não confunda a nação com o Estado e que dê preeminência às aspirações populares na valorização da política nacional. Só a partir desse ângulo se completa a discussão sobre a independência econômica e o fortalecimento do Estado-nação.

[...]

Ou bem as oposições políticas se reencontram com os movimentos da base da sociedade (do nascente impulso sindical, das comunidades de base, das associações educacionais, dos movimentos das mulheres e dos negros, das lutas da periferia) ou seu empenho parlamentar pela reconstitucionalização corre o risco de ficar isolado e será flanqueado pelos "diálogos", "salvaguardas" e outros expedientes que os fabricadores da política do regime estão preparando.

Não se trata apenas de propor a democratização do regime; é preciso lutar pela democratização da sociedade. E esse processo é abrangente: ele vai desde a relação na família e na escola até a relação no trabalho.

A construção de uma ordem social e econômica mais justa só será possível se formos capazes de criar simultaneamente um movimento político que seja radicalmente democrático e possa fundir o anseio da liberdade nos termos práticos da construção de um sistema econômico mais igualitário e de uma ordem social mais justa. No mundo contemporâneo, toda oposição radicalmente democrática aponta para o horizonte da formação de sociedades mais igualitárias e participativas. Eu acho que é mais do que tempo de as oposições democráticas brasileiras assumirem a contemporaneidade do desafio que têm pela frente.

Não basta a democratização do regime. É preciso lutar pela democratização da sociedade.

[...]

O sopro da renovação nacional exige hoje que os trabalhadores assalariados tenham voz e vez. Serão os líderes sindicais de oposição, os Lulas, que são muitos, os bispos do povo, com Dom Paulo à frente, os pregoeiros da ordem jurídica, os defensores da imprensa e dos meios de comunicação de massa livres, com a imprensa alternativa ativa e a grande imprensa sendo levada a ver pela pressão da opinião pública que seu primeiro compromisso há de ser com o Brasil e com seu povo — eles é que darão à ordem nacional democrática em reconstrução o sentido social que ela requer.

Os trabalhadores e a democracia
[*Folha de S.Paulo*, 28 de maio de 1978]

Há tempos não se ouvia falar de greve. Para muitos, para os muitos ricos e conservadores e para os pobres de espírito, isso era um sinal de ordem. Para a maioria dos brasileiros, já cansados de tanta arbitrariedade e soluções de fôlego curto, era apenas sinal de que as amarras do autoritarismo, embora mais estridentes no Parlamento castrado, na imprensa censurada, nas prisões inchadas, estavam bem assentadas na fábrica, no mundo do trabalho.

Seriam selvagens, espontâneas, as greves no ABC? Estariam os sindicatos por trás ou algum partido encapuzado? Não foi nada disso e foi tudo isso: é a democratização em marcha, a partir dos pés do povo. Sem medo, com firmeza, com esperança.

De repente, com vigor mas sem alarido, com firmeza e sem provocação, espocaram greves no ABC. Seriam "selvagens"? Seriam espontâneas? Estariam os sindicatos por trás ou seriam frutos da ação de algum partido encapuzado? Foram as primeiras indagações propostas. E mal propostas. Não foi nada disso e foi tudo isso: é a democratização em marcha, em dura marcha batida, a partir dos pés do povo, de cada um de nós, de todos os que não são direitistas empedernidos ou exploradores sem grandeza. Renasce o movimento sindical, renasce a esperança por dias melhores, renasce o afã de organizar, falar, propor opções, negociar. Sem medo, com firmeza, com esperança.

É por isso também que todos os que têm interesse real no fim do autoritarismo e não se limitam a pensar a democracia como uma gaiola de cristal para fazer resplandecer o interesse das oligarquias e das elites, saúdam no movimento dos trabalhadores paulistas os sinais de um amanhã mais promissor. Que chegue logo, pois todos queremos democracia, já.

Democracia para mudar
[*Fernando Henrique Cardoso em 30 horas de entrevistas*, org. José Augusto Guilhon Albuquerque, 1978]

— Você propõe um novo modelo de democracia baseado em novas formas de participação?

— Modelo é ilusão das elites. Falando francamente: nossas discussões se dão num contexto em que é difícil tocar no solo firme das forças sociais de base. O elitismo da sociedade brasileira é tão profundo que, a nível dos letrados (e nele se incluem não apenas os intelectuais, mas os fazedores de políticas, fardados ou não, os que mandam nas empresas, nas grandes instituições nacionais, como a empresa, as universidades e as igrejas etc.), tem-se a ilusão de que qualquer proposta é viável e de que o que nos falta é um Grande Plano Salvador.

> **Modelo é ilusão das elites. Falar de democratização implica propor opções, preparar o espaço político, não para o "caos contestatório", mas para uma participação substantivamente democrática.**

O governo, montado na sapiência tecnoburocrática, propõe seus planos nacionais de desenvolvimento, brandindo metas e distribuindo recursos nem sempre existentes. As oposições, de tempo em tempo, gastam seus modelos alternativos. Os estudantes — que são as elites de hoje e, generosamente, atuam por delegação autoderida em nome dos trabalhadores e do povo — também sabem como deve ser a construção do futuro.

Cada qual tem sua utopia a tiracolo para salvar o país. E de tal modo é gelatinosa a sociedade que qualquer modelo que se articula vê-se imediatamente assaltado por demandas e pressões que vêm de todos os lados, como as próprias reuniões da SBPC exemplificam.

[...]

— *A questão é de saber como o Estado poderá articular a diversidade dos interesses da sociedade.*
— A primeira e fundamental questão da democracia no Brasil é como substituir a irresponsabilidade do Estado perante a vontade da maioria e a dos setores atuantes da sociedade civil frente à base da sociedade e frente ao próprio Estado. A resposta para esse desafio nem é fácil nem depende de soluções tiradas dos bolsos de algum colete ou farda.

O candidato Cardoso
[*IstoÉ*, 13 de setembro de 1978]

— *O que essa gente vê em você, além naturalmente da possibilidade de uma renovação?*
— Acho que veem algo na direção do socialismo. Ou melhor: algo em direção de uma sociedade mais justa, porque, se você for espremer essa tendência socialista, não consegue identificar a coisa. Mas uma sociedade mais justa, mais igualitária, isso é fácil de perceber que é uma aspiração das pessoas. Aqui em São Paulo, hoje, há três grandes demandas: liberdade, salário e autonomia.

— *E como é que se consegue isso concretamente?*
— Vamos ter de quebrar o regime. Mudar o regime. Para isso, porém, nós deveríamos ter um período de experimentação social, experimentação coletiva da liberdade. Você não pode, por exemplo, definir já se serão três, quatro ou cinco partidos. Você tem de ter esse período de experimentação social para poder justamente aceitar a diversidade.

Cada grupo está se reconhecendo. Ninguém sabe qual vai ser o passo seguinte. Eu acho que deveria ser o da liberdade para experimentar, para testar e ver o que é que une as coisas. Para isso, você precisa ser radicalmente democrático. Acho que é isso que eu emito como sinal, mesmo independentemente das minhas palavras, do conteúdo delas. Minha atitude é radicalmente democrática, e por radicalmente democrática se dirá autonomia para reivindicar melhores condições de vida, indo até mexer nas estruturas.

— *Por que apoiar o general Euler* (candidato do MDB à eleição presidencial como alternativa democrática ao general Figueiredo)
— Estamos numa fase de transição do que se sabe para o que não se sabe. De um regime militar para um regime que não se sabe como vai ser. Essa transição tem suas causas sociais que se expressam em vários níveis. As classes dirigentes se desentendem, as pressões da classe média aumentam, começa a existir também a pressão dos trabalhadores.

Vamos ter de quebrar o regime, mudar o regime. Para isso, porém, deveríamos ter um período de experimentação social, experimentação coletiva da liberdade.

Neste momento em que tudo é fluido surge uma proposta — que vem é, verdade, das classes dirigentes, mais ainda, do setor militar — mas se essa proposta abre uma conjuntura que permite acelerar o passo das transformações, se essa proposta obriga o setor oficial que está no poder a fazer mais e mais concessões, então você tem de agarrar essa proposta.

— *Quais as marcas profundas da desigualdade na sociedade brasileira?*
— Até hoje pesa, sobre nós, a escravidão. Somos uma sociedade autoritária. Em nossas relações, somos ao mesmo tempo cordiais e autoritários. Isso é escravidão. O autoritarismo político é reforçado pelo autoritarismo social. E esse é um caráter bem

anterior aos nossos dias. Além do que, somos um país que teve a sua transformação econômica, empresarial, sem a revolução burguesa no sentido pleno da palavra. Tudo se deu num tremendo sistema de acomodação das classes dominantes. É um autoritarismo para baixo, enquanto é conciliador ao nível da classe dominante. [...]

— *Um movimento negro agressivo não poderia levar a um novo tipo de racismo?*
— Pode, mas não necessariamente. É um risco que devemos correr. O mínimo que se espera de uma democracia é que reconheça e legitime a existência da diversidade social e até mesmo cultural. O que não se pode é algemar duplamente as minorias, primeiro com a opressão que sofrem e, segundo, condenando seu esforço para libertar-se, sob o pretexto de que fere uma igualdade abstrata que, para as minorias, nunca funcionou na prática.

— *Mas não seria mais eficaz, e talvez mais justo, somar as reivindicações das minorias às reivindicações populares da maioria?*
— Somar, não, pois não se trata de coisas idênticas, homogêneas. Eu diria multiplicar. As reivindicações dos movimentos minoritários passam, repito, pela reivindicação básica da igualdade e supõem a liberdade de organização, de expressão e de reivindicação. Nesse sentido, não somente você tem uma massa maior da população mobilizada em torno da democracia — isto é, você soma — mas principalmente você multiplica as razões para reivindicar e mobilizar, você cria novos polos de articulação de interesses, e isso é democracia.

> A opressão, para os negros, as mulheres, não é um conceito compreendido num livro de teoria política, nem uma notícia de jornal, é experiência diária de sua própria condição de vida.

E há mais, as minorias não se deixam iludir muito pela igualdade jurídica, pois a experiência do dia a dia a desmente a cada momento. Sua visão da igualdade é mais concreta e, portanto, mais radical, porque o que está em jogo é a própria vida de cada um, e não somente ideias. A opressão, para os negros, as mulheres, não é um conceito compreendido num livro de teoria política, nem uma notícia de jornal, é experiência diária de sua própria condição de vida. A organização e a atuação dos movimentos de emancipação é uma frente inestimável de luta por uma democracia substantiva. [...]

— *Não seria necessário, primeiro, atingir um patamar em que haja menos miséria, menos ignorância, em suma, menos desigualdade?*

— A necessidade de maior igualdade tornou-se, no Brasil, não apenas um anseio, mas um imperativo. A opinião pública sente e deseja isso. Essa é a base a partir da qual a questão da liberdade se recoloca e, com ela, a democracia. Separar as duas questões para dizer primeiro a igualdade (ou o "fim do subdesenvolvimento", como se com isso se conseguisse igualdade) e *depois* democracia é a maneira de não resolver qualquer das duas questões.

Para tomar a questão a sério, é preciso perceber, como Rousseau e os clássicos da democracia o fizeram, que não existe igualdade sem liberdade, que é a condição para que a própria igualdade seja reconhecida como natural e possível. Se, no plano das ideias, os dois aspectos básicos da questão da democracia aparecem imediatamente ligados, é forçoso reconhecer que, historicamente, ambos se desenvolvem interligados num processo.

O sentido desse processo, entretanto, deve ser claramente posto desde o início. Não será postergando a participação popular que se irá, num futuro indeterminado, alcançar maior

A necessidade de maior igualdade é a base para recolocar a questão da liberdade e, com ela, a democracia. Dizer primeiro a igualdade e *depois* democracia é a maneira de não resolver qualquer das duas questões. grau de democracia, nem será a partir das boas intenções, admitindo que existam, que se alcançará menor desigualdade econômica social. Melhor dar a voz aos que estão roucos de silêncio, para que possam dizer o que sentem seus estômagos e o que aspiram para seus filhos, do que continuar fazendo discursos sob o pretexto de que só a elite é iluminada e o povo brasileiro é incapaz de definir suas necessidades e seus anseios. [...]

— *Se o liberalismo se torna inviável ou insuficiente, haveria outras saídas para a democracia?*

— Não é preciso limitar os horizontes da política contemporânea à opção entre o realismo autoritário e um liberalismo ingênuo. Não se trata de preservar o ideal de liberalismo, mas de recolocar a questão da democracia. Essa, em termos concretos, inclui a preservação das liberdades, que está intimamente articulada às necessidades materiais: ser livre é também ter emprego, ter agasalho, estar nutrido, ter instrução e ter a capacidade de informar-se, opinar e influir.

Democracia hoje
[*Plural*, outubro-dezembro de 1978]

O medo, que paralisou a sociedade, está acabando. As pessoas passam outra vez a dizer o que pensam, a querer coisas. Não é que não quisessem antes, mas hoje expressam o que querem com mais confiança. Há na base da sociedade, na classe mé-

dia, uma vontade de afirmação. As pessoas querem. Antes não queriam: não queriam violência, não queriam tortura, não queriam perseguição, não queriam prisões, não queriam que as eleições fossem indiretas. Hoje queremos uma porção de coisas.
[...]
E também democratizar a sociedade. O que implica isso? A família, a mulher, os jovens. Democratizar vai implicar um processo amplo. Isso não é uma questão do estado de direito. O estado de direito é uma condição, facilita isso, mas não resolve. Imagine-se que amanhã haja uma constituinte livre e soberana, que resolva uma porção de coisas. Vai resolver a posição da mulher na família? Talvez a situação do trabalho melhore, mas na família? Vai encarar o problema do machismo, da educação dos filhos, a relação entre pai e filho, entre estudante e professor, entre estudante, professor e pai?

Democratizar significa alterar as relações entre os homens em vários níveis. E alterar em que sentido? Primeiro tem-se de reconhecer que as coisas não

O medo, que paralisou a sociedade, está acabando. As pessoas passam outra vez a dizer o que pensam, a querer coisas. Não é que não quisessem antes, mas hoje expressam o que querem com mais confiança.

são iguais. Democracia é o oposto de homogeneização; é o oposto, num certo sentido, de consenso. O consenso pode ser obtido, mas quando ele for obtido ele é negociado e num dado momento ele expressa uma correlação de forças. Ele não pode ser esse consenso místico, que é totalitário. Em nome da nação, em nome de uma classe, ou do que seja, ele é totalitário.

Num processo democrático você tem de reconhecer sempre que há diversidade e conflito. E que o conflito é legítimo. E você vai tentar negociar esse conflito e respeitar a minoria e permitir, provisoriamente, que um certo ponto de vista se afiance. A única coisa não provisória é a legitimidade do conflito e você vai buscar canais, não abertamente violentos, mas de persuasão, para mudar.

[...]

A democracia é um meio, mas é um meio permanente. Para mim é muito importante. Você pode ter, de repente, a socialização dos meios de produção. E cria uma burocracia. Então não é um meio.

Democracia, no sentido que eu estou falando, não é a democracia burguesa. Nesse sentido, que é o de democratização da sociedade, não é meio, é um objetivo a ser alcançado e é um objetivo necessário até para garantir a possibilidade efetiva de igualdade.

Temos experiências históricas de regimes que expropriam. Não há mais a propriedade privada dos meios de produção. Não obstante, criam-se camadas que são privilegiadas, o processo decisório pode não ser aberto... Então, a democracia é importante para o socialismo também.

Acho que tem de tirar da cabeça os séculos XVIII e XIX. Estamos no século XX, indo para o XXI. No século XIX — se bem que nos clássicos Marx nunca colocou a democracia assim como estou colocando — qualquer socialista encarava a democracia assim: a classe operária toma as bandeiras que a burguesia não é mais capaz de levar adiante.

Democracia não é meio, é um objetivo a ser alcançado e é um objetivo necessário para garantir a possibilidade efetiva de igualdade.

Marx pensava na democracia substantiva; eu copiei, tirando de Marx e de Mannheim. Eles falavam da democracia substantiva, quer dizer, não é o formal, não é a relação entre os poderes, é a prática da sociedade.

Não pensavam democracia como meio, isso vem no século XX, fim do século XIX. Dizia-se: a democracia é burguesa e o que importa é socializar os meios de produção. E veja no que deu. A democratização é um processo essencial para haver o efetivo controle dos meios de produção de forma não privilegiada.

Os rumos da oposição
[*Folha de S.Paulo*, 24 de maio de 1979]

A história recente mostra casos de transição de regimes autoritários para a democracia. Grécia, Portugal, Espanha são os mais notáveis. Em quase todos a ruptura da ordem autoritária se deu concomitantemente com a derrota militar dos exércitos que lhes davam sustentação. Raramente [como na Espanha] houve redemocratização sem a quebra da espinha dorsal do regime anterior constituída pelas Forças Armadas.

Será que o Brasil é um segundo exemplo da mesma natureza? É cedo para responder pela afirmativa. Até agora criou-se uma situação ambígua: com a pressão popular, a crítica da Igreja, as lutas da classe média e a oposição do MDB (que recolheu as lutas oposicionistas em geral e se incorporou a uma história de resistência), o regime começou a ceder. Não foi só por isso: as fendas abertas no tripé de sustentação econômica do regime graças às dificuldades econômicas (basta referir a inflação e a dívida externa, como sintomas) e a persistência de ambiguidades liberais no seio do bloco dominante criaram condições propícias para a "distensão". Mas essa deu-se até agora sem tocar no essencial: nas regras relativas a quem decide e sobre o que se decide.

Houve, é certo, um desafogo. O sufoco dos anos terríveis da repressão, tortura e censura foi se dissipando. A palavra flui mais livremente, sem estancar na garganta entupida pelo sal grosso de tantos suplícios. Até a imagem pela TV aparece mais crítica. Mais ainda, vai se criando um espaço para a reivindicação social; as greves, contidas, mas não reprimidas, vão criando um novo léxico político.

Negar importância a tudo isso e insistir em que nada mudou é miopia de quem se deixa prender pelo passado e insiste em antecipar o futuro como mera projeção do que já acabou. Perguntar pelas garantias desse processo (embora assegurá-las deva ser uma preocupação de todo democrata) é não entender o que é a "transição": nela o futuro é aventura e a regra maior é a capacidade de criar saída para o que, pela rotina, desembocaria fatalmente em impasse e retrocesso.

> **O sufoco dos anos terríveis da repressão, tortura e censura foi se dissipando. A palavra flui mais livremente, sem estancar na garganta entupida pelo sal grosso de tantos suplícios.**

[...]

Cabe à oposição, nessas circunstâncias, romper o nó górdio. E a ruptura há de ser conseguida usando-se a tática oposta à do governo: ao invés de fazer o jogo escondido, há que abri-lo ao sol claro da opinião pública.

Daqui para frente a responsabilidade da redemocratização é nossa. Ou, como oposição, exercitamos a humildade para enraizar-nos, sem pretender que já expressamos a sociedade, e ao mesmo tempo não renunciamos a assumir a responsabilidade de propor rumos a serem submetidos à sociedade ou nos perderemos nas negaças do Parlamento. Os rumos terão de ser claros e não podem ser apenas institucionais. Todos sabem que a oposição é democrática. O que não se sabe é como exercer essa democracia e o que fazer com ela.

Ainda a greve
[*Folha de S.Paulo*, 7 de maio de 1980]

Não é São Bernardo apenas que está em jogo; não é apenas a incrível resistência de uma categoria profissional que ultrapassou o mês à míngua de trabalho, de salário e de esperança de diálogo; não se trata sequer da fusão momentânea, em São Bernardo, de tudo que a sociedade tem de mais sensível à hora e à necessidade de mudança: nunca se viram a Igreja e políticos, jornalistas e sindicatos, partidos e demais entidades da sociedade civil tão unidos como agora para forçar uma solução que não se resuma ao categórico "não" do governo e dos empresários. Mas não é só isso: é a decisão sobre o reconhecimento da legitimidade dos trabalhadores como parte do país que está em jogo.

É esse o ângulo crucial da questão. Por certo os líderes sindicais do ABC e a massa operária recorreram à greve porque têm de defender o nível salarial alcançado e precisam lutar com empenho para evitar que novo arrocho despenque sobre eles e sobre o resto dos assalariados brasileiros. Mas os que imaginarem que a reivindicação de São Bernardo se esgota aí e que a prisão dos líderes é suficiente para desarticular os trabalhadores não terão compreendido que nos anos de resistência democrática e agora de lutas sociais os trabalhadores aprenderam que para alcançar esse objetivo precisam assegurar sua identidade e sua autonomia. A luta de São Bernardo é também a luta pela dignidade do trabalhador e pelo direito de o operário ser reconhecido como parte deste país. Cidadania, tanto quanto mercado; política no mais generoso sentido, tanto quanto sobrevivência econômica. Desapareceu a fronteira entre o sindical e o político.

Pode-se questionar o acerto dos líderes; pode-se indicar o vezo de palavras de ordem arcaicas de organizações políticas que veem na greve o início da revolução social. Nada disso explica a duração da greve, a solidariedade real que existe entre os trabalhadores. Vê-se hoje no ABC, e especialmente em São Bernardo, o nascimento do espírito da *comunitas* de modo muito vivo. E é isso que dá à presença da Igreja fulgor inegável. Mas, de novo, enganam-se os que pensam que o bispo instiga e o cardeal comanda. A Igreja fornece apenas a moldura; dentro dessa o espírito que frutifica é o da igualdade mística num nós coletivo que dissolve momentaneamente hierarquias.

Basta não ser cego pelo reacionarismo passadista dos que estão afinados a uma concepção de sociedade que não pode sobreviver ao mundo industrial moderno para perceber que a reivindicação de São Bernardo transcende à fábrica e ao partido: é o batismo de cidadania de uma massa jovem, trabalhadora, nordestina em larga proporção, urbana e combativa, democrática e, no limite, radicalmente contra as estruturas de opressão na sua integralidade — sociais, econômicas e políticas.

A reivindicação de São Bernardo transcende à fábrica e ao partido: é o batismo de cidadania de uma massa jovem, urbana e combativa, radicalmente contra as estruturas de opressão: sociais, econômicas e políticas.

Talvez o governo derrote momentaneamente São Bernardo. Lula está preso e com ele valiosos líderes. Pesa-lhes a ameaça da cassação: o enquadramento na Lei de Segurança veda-lhes o caminho institucional dos partidos e dos sindicatos. A sociedade é frágil para dar um basta a mais essa onda de arbitrariedades. Com isso o sistema recria os inimigos de que necessita: joga fora da lei — mas que lei é essa, meu Deus? — os porta-vozes da reivindicação social e democrática. Mas sobrará o essencial: o sentimento de autoconfiança dos trabalhadores e a capacidade que desenvolveram de comportar-se como massa que pressiona.

Deu-se assim, nessa greve, um passo decisivo para a constituição de nova ordem política. No momento em que Igreja e grandes líderes da oposição institucional vão à assembleia dos grevistas — dita ilegal pelo governo — e, juntos, reagem à arbitrariedade do Sistema, que quer sequestrar os líderes operários, mais do que prendê-los e obrigam ao reconhecimento de uma formalidade, a ordem de prisão, nesse momento a lei começa a emergir como a possibilidade de futuro.

Consola o principal: os trabalhadores recuperam com sua luta a dimensão ética da política. A luta pelo salário não se baseia apenas na força de pressão, mas no sentimento moral de que há algo de profundamente injusto na sociedade. E aprenderam a comportar-se modernamente.

Daqui para a frente, existe uma nova classe com voz política e própria. Ela falará por si e dentro de vários partidos, democraticamente. Mas ninguém ousará, em seu nome, tentar negociar o inegociável: a identidade social dos trabalhadores e sua autonomia na sociedade brasileira. Nem sequer líderes operários, se esquecerem de que também diante deles a massa se comportará com independência.

Sem esquecimento
[*Folha de S.Paulo*, 26 de março de 1981]

O Sindicato dos Engenheiros deu o nome de Rubens Paiva a seu auditório. O auditório do Sindicato dos Jornalistas chama-se Vladimir Herzog. Nem todos os mortos dessa batalha em que muitos dos que tombaram não sabiam que participavam de uma guerra foram esquecidos. Cada um de nós carrega cicatrizes indeléveis. Uns na carne, outros na alma. Somos sobreviventes, contudo. E temos uma responsabilidade: assegurar que nada disso se repita. Toda vez que me vêm à memória os dias de incerteza e de medo, da ditadura e da repressão, penso que o compromisso básico de minha geração — que assistiu sem ser atuante, que pagou um alto preço sem sequer ter tido a ilusão de que conduzia um processo de mudança social profunda — é o de não esquecer, para que não se repita.

Toda vez que me vêm à memória os dias de incerteza e de medo, penso que o compromisso básico de minha geração é o de não esquecer, para que ditadura e repressão não se repitam.

A idolatria da violência exemplar não deve ser incensada no altar das ideologias. Mas a justificação da corrupção do Estado pelo uso da violência é erro ainda maior. É crime sem remissão. Não tem a seu favor a generosidade de um sonho de redenção pela força e terá sempre à sua conta um sem-número de cadáveres sem túmulo, de desaparecidos flutuando na consciência da nação e na saudade de parentes e amigos.

Ética e política
[*Folha de S.Paulo*, 2 de julho de 1981]

O IPM sobre a bomba [e sua tentativa de encobrir a verdade dos fatos na tentativa de atentado no Riocentro] é a evidência de que em nosso país a política (ao menos a do Estado) espanta a ética.

Pobre sociedade. Pobre abertura democrática. [...] Até quando? Até que ponto o realismo político será comparsa obrigatório da mentira? Até quando o *esprit de corps* da instituição militar servirá de escudo para proteger os que deslustram por seus métodos a essência mesma da justificativa da existência do poder armado? O descrédito das práticas atuais corroeu tanto a respeitabilidade da palavra militar que se não houver uma reação *interna corporis* o desapreço da sociedade minará o eventual papel do Exército no reencontro futuro do Brasil com seu povo.

Já não são os radicais do verbo os que protestam. São os próprios almirantes, brigadeiros e generais que se veem constrangidos a nada dizer para assim dizerem tudo. Porque também há de doer, a alguns pelo menos, ter de mentir para esconder o que todos sabem.

Considerações sobre a situação do país
[Discurso no Senado, 1983]

Existem circunstâncias nas quais as margens de escolha diminuem drasticamente, tanto na vida pessoal como na vida pública. Não pude escolher entre as vocações do político e do cientista. As contingências arrancaram-me das salas de aula e do país, colhido pelo torvelinho das grandes transformações políticas de 1964.

Quando houve escolha, voltei — em 1968 — não só à terra como à universidade. Tampouco naquela ocasião pude seguir o caminho escolhido: as artimanhas do arbítrio desfizeram uma vez mais minhas ilusões de rotina acadêmica, impondo-me aposentadoria compulsória em 1969.

Recusei, desde então, o exílio voluntário. Fiz, por certo, compromissos. Dividi-me entre o Brasil e outras terras que acolheram com generosidade meu trabalho.

Em 1978 escolhi. Não tivera, até então, partido político. Limitara minha vida pública à ação política e cultural sem compromissos partidários, embora me sentisse claramente ligado a um dos campos da luta. E mesmo quando me juntei ao MDB vim no bojo de um movimento que transcendia à militância estrita num partido. Incorporei-me à vida partidária sob a pressão e a emoção de um momento da história brasileira no qual se insinuava a presença de forças sociais ainda incipientes, mas que falavam forte o nome da democracia e que a qualificavam como condição desejável para alcançar a necessária reforma social.

Nos anos de tortura, censura e exílio, os movimentos da resistência democrática buscavam incorporar na vida pública os setores silenciados da sociedade.

Nasciam, então, os grandes movimentos herdeiros da resistência democrática dos anos mais duros — os da tortura, os da censura, os do exílio — que traziam o sopro generoso da vontade de incorporar na vida pública parte dos setores silenciados da sociedade. Remexia-se a liderança sindical (setores significativos da qual me apoiaram em São Paulo); os artistas sacudiam o torpor, ávidos de participação; os intelectuais voltavam à política; a Igreja reafirmava sua opção preferencial pelos pobres; articulavam-se os empresários mais dinâmicos. Havia um reencontro entre movimento social e vida partidária.

A recusa apaixonada de uma política que creio equivocada no plano institucional, no social e no econômico não prescinde da análise racional de opções e do senso de responsabilidade de quem sabe que as soluções não são fáceis, que a proposta política de quebra do imobilismo requer, na circunstância brasileira, convicção mas também capacidade de convencimento, e que qualquer pretensão de exclusivismo na travessia rumo ao amanhã democrático e próspero é vã e temerária.

Sarney parece Figueiredo

[Entrevista a Paulo Moreira Leite. *Veja*, 29 de junho de 1988]

— *O senhor está deixando o PMDB para fundar um outro partido* [que viria a ser o PSDB]. *Esse novo partido não será uma sigla de perdedores? Os políticos que ali estão perderam* [o debate sobre] *os quatro anos de mandato para o presidente José Sarney, perderam no debate sobre o parlamentarismo e também estão ficando mais fracos em seus estados.*

— Quem está perdendo mesmo, nos últimos anos, é o país. Não somos nós, políticos. O país perdeu as esperanças de mudança com a Nova República. A população perdeu até mesmo as ilusões que tinha.

— *Onde o senhor enxerga a raiz desses problemas que o país atravessa?*

— Creio que chegamos a uma situação igual à que havia no governo Figueiredo. Há uma ruptura entre a sociedade brasileira e o governo, entre o dia a dia da população e aquilo que fazem os políticos. O governo é uma coisa e o país, outra.

— *Quando o senhor compara o governo do presidente José Sarney com o governo Figueiredo, qual a vantagem de um sobre o outro?*

— Há uma diferença evidente, que é a liberdade. Antes não tínhamos liberdade — agora a temos. É um dado essencial, mas que não muda tudo. Temos um regime de liberdade, mas não vivemos sob um regime de democracia. Não criamos até agora instituições capazes de funcionar democraticamente. A população pode se expressar, mas quem resolve o que vai ser feito é o governo.

> O país perdeu as esperanças de mudança com a Nova República. Há uma ruptura entre o governo e o país.

Em busca da saída
[Entrevista a Expedito Filho. *Veja*, 4 de setembro de 1991]

— *O senhor acha que o país vive uma situação de caos?*
— Ainda não chegamos ao caos, mas estamos caminhando para ele. O problema é que o país está acostumado a viver à beira do abismo, que aqui significa hiperinflação e crise institucional. As pessoas estão pressentindo que, se medidas eficientes não forem tomadas, vamos chegar ao pior. Vamos ter uma paralisia de decisão. Isso aconteceu em 1963 e 1964, quando o Congresso parou de decidir.

— *O senhor acha que o país está sem rumo?*
— Há uma falta de vontade comum de coordenação no Brasil. As metas propostas pelo governo Collor, como abertura da economia, reforma da máquina do Estado, austeridade, foram aceitas pela sociedade. Na prática, entretanto, elas não se realizaram.

Estamos caminhando para o caos. Nós que fizemos a democratização fracassamos na arte de governar.

— *O senhor acha essa situação semelhante à de 1963, vésperas do golpe militar de 64?*
— Em 1963 e 1964 havia uma paralisia de decisões e muito conflito social, mas tinha gente que acreditava num projeto, numa alternativa. Os militares e os empresários tinham um projeto, mesmo que gente como eu não estivesse do lado deles. Hoje, não se sabe qual é a alternativa. Nós que fizemos a redemocratização fracassamos na arte de governar.

— *Como o senhor encara a questão da corrupção, hoje?*
— Temos uma crise objetiva que é a crise econômica. Temos também uma crise na integração com a economia internacional, que não sabemos direito como fazê-la. Temos uma crise

na gestão do Estado. E há também uma crise de confiança ligada à questão da corrupção e à impunidade. Não há punição e a população passa a acreditar que nunca haverá punição.

A utopia realista
[Entrevista a André Petry. *Veja*, 20 de maio de 1992]

— *Qual o risco real de uma ruptura institucional, de um golpe, no Brasil de hoje?*
— Estamos num momento delicado, mas germinativo. Se seguirmos a tradição de acomodar tudo, os fios expostos aumentarão muito e corremos o risco de entrar em curto-circuito. Aí será imprevisível.

— *Existe o risco de essa desagregação continuar indefinidamente? Nesse caso, o que acontecerá com o Brasil?*
— O Brasil está mudando lentamente e as mudanças já fizeram surgir forças novas. Os sindicatos, a sociedade civil. Há uma ameaça no ar. Se as coisas ficarem como estão, perderemos o bonde da História. O Brasil pode ficar numa situação em que a desesperança cortará a chance de reconstruir o país.

— *A democracia atrapalha a virada de página?*
— Nossa tarefa é acabar com o ilusionismo de que um grande plano vai salvar o Brasil. Ou o Brasil faz suas reformas ou não faz. E felizmente temos a opção de fazê-las num ambiente democrático. A democracia não atrapalha nada, ela ajuda. Hoje, não fosse o clima de liberdade, a crise seria pior. A sociedade, graças à democracia, tem formas de pressão para evitar que a situação se deteriore mais.

— *Esse descompasso com a sociedade é um atraso de quem? Do Estado, do governo ou da própria sociedade?*

Nossa tarefa é acabar com o ilusionismo de que um grande plano vai salvar o Brasil. Nossa sociedade é mais avançada do que o Estado.

— Nossa sociedade é mais avançada do que o Estado e os partidos. Ela está à frente. É tão forte que chega ao ponto de coagir o sistema político. Quando a corrupção chegou a um ponto insuportável, foi a sociedade que vomitou a podridão. A sociedade tem uma força tão notável que se encarrega até de corrigir, por iniciativa própria, os desmandos eventuais do Estado.

Collor é um cadáver político
[Entrevista a Gilberto Dimenstein e Josias de Souza. *Folha de S.Paulo*, 22 de agosto de 1992]

— *O presidente Collor ainda tem salvação?*
— Ele é como um cristal que partiu, quebrou a credibilidade. O país está se convencendo de que houve formação de uma quadrilha, protegida, no mínimo, pela omissão. Isso é inaceitável e imperdoável.

— *O presidente cai?*
— A questão é saber se a sociedade está com força para construir um outro polo de poder. E eu acho que está porque a sociedade se cansou. O país está com energia para ter algo novo.

O presidente segundo o sociólogo
[Entrevista a Roberto Pompeu de Toledo, 1998]

— *Por que a campanha das diretas acabou pegando? O que havia no país que não havia sido detectado e que, no entanto, provocou aquelas manifestações enormes?*

— Já havia uma insatisfação muito grande com o regime autoritário. E o regime autoritário tinha começado a abrir a imprensa, com o Geisel, o Golbery... A mudança foi possível por isso.

— *Também não influenciou o fato de que a economia ia mal.*

— Sim, a economia começou a cair, houve o Setembro Negro de 82 [a crise econômica deflagrada pela declaração de moratória do México]. Ao mesmo tempo, a imprensa já estava mais livre, embora não totalmente, e aí ficou incompatível, o país ficou incompatível com o regime. [...] O regime ainda foi suficientemente forte para impedir a emenda da eleição direta no Congresso. Mas não para evitar, depois, a democracia plena. [...] Vários pedacinhos do cristal têm de estar trincados para você, de repente, dar um toque que quebra tudo.

— *O senhor está citando exemplos de transição de regimes autoritários para a democracia, algo que se discutia muito na época.*

— Minha teoria na época era a seguinte: vai haver aqui uma mutação. Nem vai haver destruição do Estado pela sociedade nem a sociedade vai se submeter mais ao guante do Estado. Essa fricção, ao longo do tempo, vai provocar uma mutação dos dois lados. Não houve mudança interna no regime. A mudança foi externa e interna.

— *Pelo que se depreende de suas observações, uma sociedade capaz de provocar mudanças como essa é uma sociedade mais ativa, mais reivindicativa, mais consciente de seus direitos e de sua força...*

— Sem dúvida. Mais democrática. Quando digo que já temos uma democracia plena e que há condições para uma radicalização da democracia, é isso.

Esquerda e política

O tema do socialismo e da democracia nunca foi enfrentado no período da ditadura porque fazer críticas às esquerdas, à luta armada, poderia ser interpretado como adesão ao regime.

O pensamento da esquerda brasileira é muito mais estatal do que democrático. A preocupação dominante é afirmar que o Estado vai fazer o desenvolvimento. Subliminarmente, o Estado é o senhor absoluto.

As pessoas custaram a ver que o mundo havia mudado. Havia uma ideia tosca de que o estatal era bom, porque do povo, e o privado ruim.

Os mitos da oposição – II
[*Opinião*, 2 a 9 de abril de 1973]

As oposições vêm se aferrando a erros crassos de análise e apreciação que estão por trás das políticas propostas. Além dos mitos da estagnação econômica e do imobilismo social, persistiu depois de 1964, e especificamente depois de 1968, a ideia equivocada de que o "movimento" da sociedade brasileira ia no sentido de que a miséria frearia a riqueza, o atraso da campo bloquearia o crescimento da economia urbano-industrial, o *mare magnum* da "marginalidade urbana" consistiria em uma ameaça permanente e insuperável para o fortalecimento da ordem social. Sendo assim, decorreram princípios deduzidos de ação política que só se justificariam numa situação pré-revolucionária.

Ou seja, olhou-se um dos lados da medalha abstratamente e a partir dele, estaticamente, foi "racionalmente" deduzida toda uma estratégia e um conjunto de táticas que deram no isolamento das oposições do conjunto da sociedade.

Isso não quer dizer que em princípio as táticas postas em prática sejam equivocadas. Às vezes faz sentido o voto nulo, às vezes não; às vezes toda a votação é uma farsa, às vezes não. Mas para saber que tática é correta o MDB (ou outro agrupamento qualquer...) tem de reportar a tática proposta à análise da tendência global da sociedade brasileira.

Ora, no caso partiu-se de que, *por sua essência* (divina?), o capitalismo brasileiro não poderia avançar; pela fraqueza da sociedade civil (dos grupos sociais. dos sindicatos, das associações voluntárias, das associações profissionais) não haveria chances — como houve nas outras sociedades industriais — para que as massas urbanas se organizassem e atuassem politicamente. Logo, as transformações da sociedade brasileira deveriam vir do campo (atrasado, espoliado e marginalizado do desenvolvimento) e dos núcleos políticos exemplares, conscientes da verdade profunda da inviabilidade do desenvolvimento.

O dinamismo da economia urbano-industrial, os efeitos da expansão da economia agrocapitalista foram postos entre parênteses, como se fossem, para as oposições, o lado pervertido da situação. Como se no âmago deles não existissem também questões a serem levantadas.

Como se os operários das fábricas, por viverem numa situação mais "adiantada" de que a dos "camponeses" pobres ou dos favelados sem emprego, estivessem de antemão contaminados pela prosperidade. Como se os profissionais liberais não tivessem, até por razões puramente ideológicas, como no caso dos magistrados e advogados, boas razões para não se alinhar com o governo. Como se os homens das novas profissões (publicitários, programadores de computador, cientistas), só por serem num dado momento parte do sistema, não pudessem, noutro momento, voltar-se contra ele.

À visão de uma economia estagnada e de uma sociedade imóvel se junta o mito da apatia política da sociedade. Só os punhados de bravos, em luta direta contra o Estado, poderiam mudar algo.

Jogada na lata de lixo da História a maioria da população urbana, escolhida a massa espoliada há 400 anos como a única repositória das virtudes políticas e dos anseios de transformação e, pior ainda, concebida essa massa de oposição potencial como isolada do resto da sociedade e incapaz de agir por si mesma, o resultado não poderia ser outro: além da visão de uma economia estagnada, uma sociedade imóvel, as oposições juntam ao Pantheon dos mitos a ideia da apatia política da sociedade brasileira. Só restariam os punhados de bravos que, em luta técnica e quase direta com o Estado, poderiam mudar algo no país.

Pareceria ser mais correto, em vez de postular a apatia dos setores da população que mais podem mover-se politicamente e de sustentar o exemplarismo da ação de poucos que simbolicamente falam pelos setores não pervertidos da sociedade brasileira, sacudir o beatismo dessa concepção política e, vendo os fatos, perguntar *o que move* politicamente a sociedade. Só diante de opções viáveis, e posta frente a elas, a massa pode deixar de ser o que num *dado momento* é, massa apática, para transformar-se no oposto: em massa reivindicante.

O importante é abandonar o mito da inviabilidade da participação política nas condições brasileiras e procurar definir, ao contrário, em que condições pode dar-se essa participação.

O importante, por fim, menos do que radicalizar verbalmente e tomar uísque à noite diante do peso morto das condições adversas, é procurar colocar concretamente opções e criar forças que permitam uma transformação.

[...] Então será a vez e a hora de a oposição pensar em transformar seus programas em políticas. Quando o mito do desenvolvimentismo eterno passar a chocar-se com os fatos da vida (é questão de tempo e de ciclo), aí sim, quem sabe, se as oposições não estiverem colhidas nas malhas da visão oposta à de 68-69 e terminem por acreditar, similar e equivocadamente que, afinal, no capitalismo tudo dá certo, abrir-se-á uma nova conjuntura política.

Quem sabe, então, a sociedade civil e suas organizações (se elas tiverem sido criadas) possam aproveitar a nova chance histórica para substituir a forma de Estado burocrático-tecnocrático que assegura o estilo atual do desenvolvimento capitalista.

Há que ver os fatos e perguntar o que move a sociedade. Só diante de opções viáveis a massa apática pode transformar-se no oposto: em massa reivindicante.

O intelectual Fernando Henrique Cardoso, filho e neto de generais, fala de militares, de estudantes, do futuro político do país

[Entrevista a Jorge Cunha Lima, *Status*, fevereiro de 1978]

Ser intelectual é ser capaz de problematizar. Se você não tem problemas não é intelectual. Nossa questão é saber qual é o problema do Brasil. A força de um intelectual não é ele ser capaz de citar tal autor. É fazer as perguntas pertinentes, filtrando a sua experiência cultural diante de uma realidade que o desafia.

Ser intelectual é problematizar. O mundo mudou. Estamos marchando para o século XXI e não temos teoria para isso.

No Brasil, embora haja a Amazônia e os boias-frias, há uma classe média, que é como se você estivesse em Paris. Movimento feminista, comunicação visual muito rápida. Para decifrar o enigma político brasileiro, você tem de juntar reivindicações, que são da classe média, com as que são da classe operária, misturando-as com ecologia, modernidade etc.

Aqui, em 68, havia o ideal da revolução rápida e por via militar. O golpe forte. A ideia de quebrar e instaurar o mundo novo. Lá, não havia isso em nível político, mas em nível existencial. E você continua sem teoria para esses problemas. Nós ainda estamos usando as teorias do século XIX. Tudo o que se generaliza perde a força. Hoje, na universidade, nos setores de ciências humanas, quase todos são marxistas, mas não sabem o que falam.

Marx falava de uma realidade muito viva, a perspectiva da transformação por meio da classe operária. Tinha o exemplo da Comuna de Paris, da revolução de 1848, a expectativa da crise mundial e o Estado que não entrava na jogada. Hoje, nos setores intelectuais, as pessoas continuam excitadas com as mesmas ideias e o mundo não é mais esse. Não é que não haja mais revoluções, transformações. Mas nós já não estamos no século XIX. Estamos marchando para o XXI e não temos teoria para isso.

Democracia hoje
[*Plural*, outubro-dezembro de 1978]

— *Qual seria o papel do intelectual na formulação de um projeto político?*

— Se você é realmente um intelectual, e não um intelectualoide, você sabe a sua limitação. O intelectualóide pensa que resolve, pensa que o problema é do intelectual, que ele sabe como fazer um programa. Eu acho que o programa não é uma questão mental, o programa é uma questão da vida, é uma questão real.

O que o intelectual, e não o intelectualoide, pode fazer é ajudar a explicitar o que já está em marcha na vida, sem ter pretensões de estar liderando. Pode articular, colocar questões. Até por obrigação devem saber formular mais claramente os impasses, as opções ou visões do futuro. Mas sem ter a pretensão de ser um profeta, um utópico — no mau sentido.

No bom sentido acho que é preciso dar uma imagem diferente do que é para ser feito. Mas essa imagem tem de estar enraizada num movimento do real. Tem de ouvir e ver mais do

O intelectual coloca questões, formula opções, visões do futuro. Mas essa imagem precisa estar enraizada no real.

que falar. É difícil, porque o intelectual fala muito. Mas, em todo caso, a atitude deve ser de cuidado. Fale o que você está vendo e ouvindo. Preste atenção. Acho que esse é que deve ser o nosso papel, e não o de um líder, no sentido antigo, de *condottiere*.

61

Outra coisa importante: a passagem do social para o político. No social você reivindica, sabe onde o calo aperta. Mas são muitos calos na sociedade: a classe média diferenciada, os trabalhadores do campo e da cidade, o empresário. Cada um tem diferentes problemas. Para o trabalhador da cidade é o problema da condução direta e aumento do salário. O outro nem tem emprego, não pode negociar diretamente porque não tem força para negociar com o patrão.

A passagem do social para o político é se juntar isso. E se existe junção disso, ela se dá no Estado. O Estado é que é a fivela, o cinto que amarra tudo. Isso está assim porque tem uma ordem estatal que está amarrando as classes dessa maneira. Se quer melhorar aqui, tem de mexer lá em cima também.

São os partidos, é a ideologia, é o setor político. Não estou de acordo com certa perspectiva que ainda diz: o importante é a base da sociedade. É a base da sociedade, mas ela sente cada pedrada lá em baixo, em cima do seu calo. Você tem de passar disso para o nível do político, que é quando junta isto tudo e se formam as alianças, os grupos de força. Isso é política.

O intelectual, quando está inserido na política, ajuda a costurar esse tipo de armação. Essa é sua função, didática, sem pretender liderar no sentido profético. Se liderar será por suas qualidades políticas, e não por suas qualidades de intelectual, por sua capacidade de convencer, de unir.

Duas vocações
[Entrevista a Judith Patarra, *Nova*, novembro de 1981]

— *O que é que você aprendeu na prática política que não tenha escrito em seus livros e não tenha lido em livros alheios?*
— Quando você está fazendo uma análise, de alguma maneira transforma as coisas, mesmo que não queira, em algo estático.

Então você fecha um pouco. Na prática, percebe-se que os pontos de vista não podem ser fechados, eles têm de ter um ir e vir. Quem faz política tem de partir da ideia de que a sua opinião e a do outro são ambas modificáveis. Porque a política é justamente a mudança. Política não é simplesmente a reafirmação de um ponto de vista.

— *Não é uma ciência exata.*
— É a mudança. Mas como se faz essa mudança? A gente aprende bastante e ganha um certo sentido de humildade. Você percebe que o seu saber pode ser importante, mas ele não é tudo. Não adianta o saber se ele não convence.

A expressão "convencer" quer dizer vencer junto. Quem tem o saber quer vencer, acredita que com um argumento vence, demonstra. Ele tem é de fazer com que as pessoas passem pelo seu percurso também.

A relação política, que é uma relação de poder, é muito pessoal. Nós, quando escrevemos, falamos das estruturas, das classes, dos

Creio na conversa e na possibilidade de mudar. Política não é reafirmação de um ponto de vista. É convencimento e mudança.

partidos, do Estado. Quando você está na política prática, tem uma relação muito mais pessoal. E esse vencer junto implica aumentar o seu grau de sensibilidade. A relação política não é fria, tem de transmitir alguma coisa que é muito pessoal.

Como é fazer política no mundo contemporâneo se a política, em si, exige essa presença física, quase de consumo, quando esse é um mundo de massas e elas são anônimas? Se você tem de usar a televisão, o grande veículo da política moderna, e por meio dela não há esse consumo físico? A televisão o obriga a mudar o modo de fazer política, a ser mais argumentativo, mais informal.

— *O que significa ser um intelectual no Brasil?*
— Ser subversivo. No sentido de duvidar do que está sendo dito como verdade oficial em qualquer lado. Intelectual é a pessoa que, além de ser capaz de saber, faz perguntas. Questiona.

— *De que forma você se descreveria como homem e político?*
— Sou fundamentalmente um intelectual, embora não afaste o conhecimento intuitivo. A dimensão política disso é acreditar que as coisas são de um jeito, podendo sempre ser de outro: creio na conversa e na possibilidade de mudar a situação.

Maio de 1968: não passou de um começo
[*IstoÉ*, 10 de maio de 1978]

Naqueles dias tensos, Paris se transformou. A cidade burguesa e exibida, fútil mesmo, virou um *foyer* de discussões. Sobre tudo e sobre cada um. Uma catarse coletiva, entre tiros de festim e intensa discussão política.

Deu para sentir o gostinho dos grandes momentos de transformação social. E aprendi lições práticas de sociologia: as sociedades "apáticas" de repente tornam-se participantes e podem mudar; a mudança social, mesmo "revolucionária", não é predeterminável: depende da fusão de múltiplas contradições e anseios, localizados em planos sociais distintos e motivados por valores desencontrados.

Mas, na hora de a onça beber água, se não houver uma força política, uma vontade organizada que conduza a mudança e que esteja em consonância com as pressões populares, o impasse reaparece. Se houver, do lado conservador, como houve na França, uma inteligência política organizada, a ordem se restabelece. Mas nunca mais será aquela. Pode ser pior se faltar a inteligência política conservadora (veja-se o Chile de Pinochet) ou pode ser mais contemporizadora, como a França de Giscard. Mas o equilíbrio anterior se rompe para sempre.

Por uma nova utopia
[Entrevista a Wilson Teixeira Soares. *Ele Ela*, fevereiro de 1981]

— *De onde vem a incompetência das esquerdas para formular o novo?*

— Para mim, vem do peso imenso que o século XIX deu ao pensamento de esquerda, que ficou muito amarrado ao que foi a Europa no século passado. Mas o mundo mudou. Não que tenha desaparecido a exploração do homem pelo homem, nem que as potências europeias não desempenhem um papel imperialista. Entretanto, aconteceram revoluções tecnológicas. Estamos assistindo a transformações mais importantes do que a realizada pela Revolução Industrial. Mas há quem não leve isso em consideração. Temos a energia atômica, que liberou uma força enorme, de cunho novo, que muda o mundo. Tem-se a revolução do sistema de transportes, a revolução das comunicações. Aconteceram revoluções importantes, que afetam o modo de os homens se relacionarem uns com os outros.

Há um descompasso entre ciência e realidade. Muita gente pensa que está inovando quando está repetindo coisas caducas.

É curioso que a esquerda, que sempre diz que as forças sociais de produção condicionam a economia, não aplica a si própria essa ideia, achando que, apesar dessas revoluções todas, num mundo em que existe a televisão, você pode continuar fazendo a vida política simplesmente por meio do comício, da agitação. Há um descompasso entre a ciência social e a realidade.

A realidade avançou, mudou, e hoje em dia há mais condições para transformação do que há 100 anos. E, não obstante, quando se vai conferir, depara-se com um imenso número de citações defasadas, adequadas para descrever situações do passado, mas que hoje não têm mais sentido. Ainda assim, muita gente pensa que está inovando quando na verdade está repetindo coisas já caducas.

As esquerdas têm dificuldade de absorver as demandas contemporâneas, as reivindicações em relação ao meio ambiente, das mulheres, das minorias. Isso precisa ser absorvido por um pensamento político criativo. A esquerda está vindo a reboque, muitas vezes. Depois ela tenta absorver, mas geralmente, quando absorve, tenta enquadrar, tenta botar tudo isso dentro de um molde que não é adequado. Falta um certo conteúdo liberador na atitude política de uma boa parte da esquerda. Quanto à direita, ela não tem isso mesmo. Não é o objetivo dela.

A pobreza no mundo de hoje é um escândalo. A nova utopia, viável, é acabar com a pobreza.

Nos países socialistas, o comando é gerontocrático, dos velhos, e esse é um detalhe importante, pois significa que o acesso não está aberto às novas camadas. Ora, em um país como o nosso, em que a população é jovem, só há futuro político se os jovens falarem.

— *Não estaria aí a prova da falência das ideologias tradicionais?*
— É preciso criar uma utopia nova. Atualmente, tem-se uma situação no mundo em que a abundância já existe, e ao lado dela a pobreza. Isso é um dado novo na história. Sempre houve ricos e pobres. Porém, nunca foi possível acabar com a pobreza. A riqueza existente, a base material das civilizações, não era suficientemente poderosa para colocar todos em um nível

razoável. Hoje é. O que é específico do nosso mundo contemporâneo é que a pobreza é um escândalo porque ela não é mais consequência, uma vez que não há necessidade dela para que a riqueza aumente.

— *Então, por que esses bolsões de miséria continuam existindo?*
— É claro que os interesses constituídos são uma barreira, mas não é aí que está o empecilho. A grande dificuldade é que não se tem força para quebrar a barreira, uma vez que não se tem capacidade mobilizadora; e não se tem essa capacidade porque não se está colocando no horizonte uma utopia viável.

— *Apesar da necessidade de novas utopias, será esse um processo de gestação demorado ou já há algo latente?*
— Acho que elas começam a nascer. Já existe, primeiro, um pensamento de reivindicação da dignidade humana, que é muito forte. Segundo, no Brasil, pela primeira vez, sente-se que há um imperativo de respeito à autonomia dos grupos sociais.

O povo se auto-organiza. Quem pensa que o partido vai organizar tudo tem uma visão do século XIX.

O povo se auto-organiza, sindicato existe, a Igreja funciona, assim como a associação de bairro, a universidade e a imprensa. A sociedade moderna é muito complexa e os partidos são uma parte disso. Quem pensa que o partido vai organizar tudo isso tem uma visão do século passado.

Entrevista a Miriam Leitão
[*Playboy*, São Paulo, outubro de 1984]

— *Como é que você se define politicamente?*
— Eu expresso o ponto de vista da esquerda independente.

— Então, por que briga tanto com a esquerda?
— Quero ter uma visão moderna da realidade e muitas vezes me parece que a esquerda não é capaz de ter essa visão. Fica muito presa a certas fórmulas. No começo dos anos 70, a esquerda queria que se escrevesse que o país estava estagnado. Eu achava que não. Achava que o golpe de 64, reacionário politicamente, tinha facilitado a evolução capitalista e produzido efeitos transformadores na estrutura social do Brasil. Isso foi considerado como apoio aos militares, como revisionismo, essas coisas que a esquerda fala sempre.

— Uma grande heresia.
— Há anos eu brigo com a esquerda. Já entrei em polêmica sobre vários temas. E não tenho medo nem das polêmicas nem das acusações, porque tenho convicções e sustentação teórica do que digo. Posso estar errado, mas não há nada imoral em estar errado. E a crítica da esquerda é a de que eu estou vacilando, quando eu posso estar apenas com uma análise errada. Muitas vezes estive errado, mas isso não é imoral. A esquerda pega uma bandeira e fica amarrada a ela. Mas para ser coerente não precisa ser tolo.

— O PMDB vai continuar sendo eternamente uma frente?
— O PMDB é um partido que eu chamo *omnibus*. Em certos países, a forma de partido que existe é próxima à do Partido do Congresso na Índia, porque essas sociedades produzem esse tipo de partido com tendências desencontradas. São sociedades que passam para a industrialização rapidamente, sob controle das grandes empresas estatais e multinacionais e que têm, ao mesmo tempo, uma classe média profissional, uma forte penetração de modelos culturais por meio do *mass media* e uma grande intervenção do capital internacional criando classes novas.

Dificilmente, no meu entender, essas sociedades geram partidos como os de antigamente, como os da Europa, onde há um partido comunista, um socialista, um conservador, representando os vários setores de uma sociedade que se estratificou durante séculos. Nos Estados Unidos, os partidos não são ideológicos, são partidos-máquinas de fazer votos e que agregam interesses.

O futuro do Brasil não será igual ao passado da Europa.

No Brasil, o quadro partidário não será nem americano nem europeu. Teremos algo do antigo caudilhismo latino-americano, em que o personagem pesa muito, mas ao mesmo tempo os partidos continuarão a ter núcleos ideológicos fortes. Mais fortes do que nos Estados Unidos, mas não tão fortes que deem a forma total do partido.

— *Isso é verdade em relação a todos os partidos brasileiros?*
— Sim. Todos os partidos brasileiros são meio frentes. Mesmo o PT, que é mais homogêneo. É mais homogêneo visto de longe. Chegando perto, pode-se perceber que uns militantes são católicos-anarquistas, outros marxistas-leninistas e vai por aí. E devem continuar assim, porque o futuro do Brasil não será igual ao passado da Europa.

Vem aí o imposto sobre grandes fortunas
[Entrevista a Miriam Leitão e Marcelo Pontes, *Jornal do Brasil*, 10 de setembro de 1989]

— *Qual a visão que, na sua opinião, o povo brasileiro tem da democracia?*
— O povo brasileiro está olhando para a democracia como sendo uma coisa "deles", da elite política. Não é por outra razão

que os políticos têm imagem tão negativa no Brasil. Há a impressão de que finalmente os políticos tomaram conta do Estado, do governo, e só tomaram conta dos seus próprios interesses, incluindo entre esses interesses as regras da democracia. Que medida concreta foi feita para melhorar a educação, a saúde, o sistema de transportes, a moradia? Nenhuma. Por várias razões, entre as quais as dificuldades econômicas. Mas sobretudo faltou vontade política clara de melhoria das condições de vida do povo. Isso não ocorreu na Espanha, onde a democracia passou a ser um valor, porque por meio dela as pessoas melhoraram a sua vida.

O povo vê a democracia como coisa da elite. A democracia é um valor quando transforma a vida das pessoas.

— *Dá para mudar esse quadro no Brasil?*
— Acho que não se mexe nisso sem se restaurar a governabilidade. Isso depende de gente, não tem como escapar disso, tem de ter presidente que lidere. Mas pode mexer também nas instituições. Tem de ser adotado o voto distrital misto, porque isso altera a representação. Você capta para o sistema político pessoas e grupos que estão fora dele. E a adoção do parlamentarismo completa a contrapartida à democracia publicitária.

— *Qual o pecado que a esquerda comete hoje no Brasil?*
— Para começar, não sei bem o que é esquerda hoje. Se ligar isso à questão da política marxista, soviética, a esquerda está em crise. A esquerda brasileira nunca tomou a sério a crise do socialismo real. A enorme discussão havida na Europa não houve no Brasil. A esquerda brasileira não teve a coragem de se olhar no espelho, para saber de que reflexo ela era. A esquerda não quis ver de frente o que estava acontecendo nos países

socialistas. Foi de choque em choque. A *perestroika* foi um choque tão grande quanto foi o relatório Kruschev nos anos 50.

— *Esses choques não produzem autocrítica?*

— Não. Não se vê, por exemplo, que o regime de planificação central levou esses países a não poderem competir com países de economia de mercado. E que o desenvolvimento tecnológico foi prejudicado. Por quê? É que o regime socialista, seja ele qual for, acaba com a pobreza absoluta. Como no Brasil temos um tremendo problema de pobreza, a esquerda fica paralisada com isso. Fica com medo de abrir mão daquilo que é o fundamental. "Ah, então estamos aderindo a uma situação que não vai eliminar a pobreza. Lá, pelo menos, elimina." Só que essa discussão é pobre. Tem de discutir mais a fundo, como é que elimina pobreza sem acabar com liberdades, por exemplo. Hoje, a *perestroika* entrou pela voz do Roberto Freire. Mas todo mundo se assusta, porque não teve o percurso, tem só o resultado. Aí, dizem: "Será que ele pensa isso mesmo? Isso é que é o comunismo?" Aparece como um raio em dia de céu azul. Não se entende por quê. Ou então é como o PT, que nunca diz o que ele é mesmo, que socialismo deseja. Acho que o pecado maior da esquerda é não ter tido coragem de fazer autocrítica.

A esquerda brasileira não quis ver o que acontecia nos países socialistas. Não teve a coragem de se olhar no espelho para saber de que reflexo ela era.

Nem cara, nem coroa
[Entrevista a Artur Ribeiro Neto. *Folha de S.Paulo*, 11 de março de 1990]

— *Durante muito tempo se acreditou que o mundo caminhava para o socialismo. E agora, para onde vai?*

— Boa pergunta. Primeiro, não sei se o mundo caminha. É uma coisa discutível, resultante de uma filosofia linear da história. A não ser metafisicamente, não sei se se poderia dizer que o mundo caminhava para o socialismo.

Acho que, agora, a primeira lição é que é melhor ser mais modesto nessas proposições: não imaginar também, depois do que houve na Europa Oriental, que o mundo caminha para o liberalismo. E a verdade é que passamos agora para o extremo oposto: todo mundo acha que o mundo caminha para o liberalismo. E como acontece a cada "xis" anos, também já apareceu quem postule o fim da história, não é? Nós nem vamos para o fim da história e nem estamos num caminho batido para o liberalismo.

Há sempre um grau de liberdade maior na história do que se imagina. A realidade é surpreendente. Não vamos para o fim da história nem estamos no caminho batido para o liberalismo.

Acho que o que está acontecendo é que, numa frase que gosto de dizer, quando se pensa que vem o inevitável acontece o inesperado. Ou seja, há sempre um grau de liberdade maior na história do que a gente imagina. A realidade é sempre surpreendente.

Por isso prefiro ficar com a modéstia weberiana: a realidade em si é infinita e você não deve ter a intenção de apreendê-la numa só linha. O que está havendo agora? Está havendo uma coisa óbvia que é o desmantelamento do mundo soviético. Só quem tivesse uma bola de cristal diria o que vai resultar disso. O que você vê hoje na Polônia e na Hungria é uma forte tentativa de reintroduzir instituições de mercado, capitalistas.

Até que ponto? Como você faz um capitalismo sem uma classe empresarial? Como é que você cria uma camada capaz de tomar iniciativas, correr riscos, se responsabilizar e ter o individualismo possessivo como base de sua ação? Leva decênios.

O mais provável é que haja uma sociedade mista. Seria temerário fazer um julgamento do tipo que os liberais fazem: está sendo reintroduzido o capitalismo. Como seria pretensioso dizer: não, o modelo vai ser social-democrata. Acho mais prudente dizer que vamos partir para um grande pluralismo, perpassado por um sentimento de liberdade.

— *O que é esquerda?*
— Aí é que está. A questão não é se não há esquerda. É o que é esquerda. A esquerda perdeu o rumo. Se a esquerda se identificar com o que na história se concretizou como esquerda, aí ela acaba mesmo. Tem de haver um *aggiornamento*.

É preciso perguntar de novo: o que é o interesse popular nas condições de hoje? Como é que ele cruza com o interesse nacional nas condições de hoje? O pensamento da esquerda, especialmente na América Latina, se baseou muito na ideia de que o fundamental era o desenvolvimento, de que o Estado era a agência central para esse desenvolvimento e de que os instrumentos coletivos de ação primavam sobre os individuais.

Hoje, a tese de que o Estado é fundamental para o desenvolvimento não deve ser mais um dogma de esquerda. Já há categorias sociais específicas que cuidam do desenvolvimento: os empresários.

É preciso perguntar o que é o interesse popular nas condições de hoje. A posição liberal pura é conservadora.

Não é uma questão que a esquerda deva tomar com o denodo com que tomou no passado. Ela tem de perguntar é pela distribuição. E aí há o risco do populismo, de pensar em distribuição sem produção.

A esquerda moderna, a meu ver, não é estatizante; nem é desenvolvimentista *per se*; nem tampouco distributivista *per se*. Tem de fazer a relação entre ambos. Tem de ser mais racional. E para isso é preciso ter algum critério. E é aí que entra o mercado. O mercado é aceitável na medida em que ajuda a alocação de recursos. Mas não pode ser visto como algo sagrado na medida em que produz também concentrações. Acho que hoje há uma esquerda nova, um progressismo novo. E há posições conservadoras. Acho que a posição liberal pura é conservadora. Eu não acho, portanto, que haja fim de história nenhuma.

Privatiza? Estatiza? Nem uma coisa nem outra. Pode ser bom ou mau. Depende. O que importa é tornar público.

O sentimento nacionalista, estatizante e corporativista é muito forte. É forte no PT no PSDB. É preciso passar a limpo o marxismo, o progressismo.

Temos de ter a coragem, a integridade intelectual e a capacidade de fazer um acerto de contas. Eu às vezes leio — não quero citar nomes porque são pessoas caras a mim — coisas inacreditáveis. Eu digo, mas não é possível, meu Deus do céu. A revisão não é uma vergonha. Não, não, é uma coisa absolutamente honesta. Sartre fez isso tantas vezes, meu Deus do céu. Sartre é um exemplo de probidade intelectual nesse sentido. Sempre passou a limpo suas ideias. Pode ter errado, isso é outra coisa. Ele deu cambalhotas. Mas tentava fazer os ajustes de contas. Disse: o marxismo é a ideologia do nosso tempo. Eu sou existencialista, mas eu estou dentro da ideologia marxista.

E agora? Você pode afirmar que ela é a ideologia do nosso tempo? Depois do que aconteceu na Europa? Na União Soviética? No mundo socialista? Na China? Agora mesmo na Nicarágua. E a intelectualidade vai fazer o quê? Vai visitar a Albânia? Não pode. Isso não quer dizer que se tenha de ter uma posição acrítica com relação ao mundo capitalista. Não é a minha posição.

Nós somos o partido do depende. Nós não somos os liberais: privatiza. Não somos os nacionais estatizantes: estatiza. Nem uma coisa nem outra. Pode ser bom, pode ser mau, depende das circunstâncias. Mais do que privatizar ou estatizar, o que você tem é de tornar público. O que é uma coisa diferente.

Muita gente pergunta: mas como é que pode haver um partido social-democrata sem o movimento sindical? Bom, mas nós não estamos na Europa. Não estamos refazendo o percurso histórico. O que houve na Europa foi que, sem se desligar das forças sindicais, a social-democracia ampliou para as forças novas da classe média e do empresariado novo. Eu diria que nós temos o mesmo problema, mas inverso: como é que nós, tendo já uma parte desse empresariado novo e das classes médias reformadoras, ampliamos para os sindicatos. É preciso ter a força moral dos reformadores de princípio para poder fazer reformas.

Viagem às ideias do líder nas pesquisas
[Entrevista a Tales Alvarenga, Paulo Moreira Leite, Expedito Filho e Roberto Pompeu de Toledo, *Veja*, 24 de agosto de 1994]

Obviamente, o Real tem sido um elemento importante. Mas a expectativa favorável a minha candidatura vem de antes do Real. Havia uma base de confiança, que eu conquistei como ministro da Fazenda. Nós estamos numa sociedade de massa. Nela, uma candidatura funciona quando o candidato se sintoniza com o sentimento da sociedade naquele momento. Eleição a gente ganha quando há eletricidade no ar.

O Brasil de hoje já é outro. Ganha-se eleição inspirando confiança, crença, esperança.

Ganha-se eleição no Brasil de hoje inspirando confiança, crença, esperança. Essa é minha tese central. O Brasil já é outro.

A cartola de Fernando
[Entrevista a Mino Carta, *Carta Capital*, nº 3, 1994]

— *Marx está morto?*
— Não. Acho que a mistura de Weber com Marx é a mesma em mim.

— *Então o sr. é ainda, em parte, marxista?*
— Não se pode deixar de reconhecer que hoje temos a física quântica, mas a mecânica clássica existe. Marx é a mecânica clássica. Fez fundamentos e uma porção de coisas que foram incorporadas.

— *Deduz-se, dessa forma, que não é mais uma questão de fé; é um apreço intelectual por Marx.*
— Sim, um apreço intelectual.

— *Marx foi um mestre.*
— Politicamente errou muito na apreciação sobre o que iria acontecer. E o mundo mudou. A diferença da física é que a física tem sistemas estáveis. Os sistemas sociais não são estáveis; então as regras mudam, as leis são outras. O mundo que Marx descreveu não existe mais. O capitalismo de hoje é outro, as relações são outras.

Marx é um intelectual do século XIX. Faz um sistema que explica tudo. Nunca fui dogmático. Não preciso de verdade absoluta para dormir bem.

Não adianta ficar pensando sempre naquele paradigma, porque nas ciências sociais os paradigmas têm de mudar histórica e estruturalmente.

Quando você faz um sistema, o sistema fica preso àquele realidade que você analisou. O Weber não faz sistemas — ele abre picadas. As picadas que ele abre servem para mais tempo. Marx é um intelectual do século XIX: faz um sistema, explica tudo, eis aí a verdade. E não sabe conviver sem sistema. Não sou assim, por isso nunca fui dogmático e sempre me amparei em Weber. Não preciso de verdade absoluta para dormir bem. Também nunca tive a pretensão de que, algum dia, poderia explicar tudo.

— *Como o sr. se define, ideologicamente, hoje?*
— Sou social-democrata. Um reformista.

— *Quando jovem o sr. foi comunista?*
— Fui, não como integrante do quadro do partidão, mas por meio de um grupo de moços que militava em torno da revista *Fundamento*. Quando a União Soviética invadiu a Hungria, em 1956, eu já estava contra.

O Brasil na visão de FH e Alain Touraine
[*O Estado de S.Paulo*, 21 de janeiro de 1996]

AT: *O mundo vive uma competição generalizada, mas o preço social do ajuste liberal, em todos os países, é tão alto que o problema maior hoje não é entrar no sistema liberal, mas entrar numa política pós-liberal, de reconstrução do controle social. Como se vê, no Brasil, a possibilidade de combinar competitividade internacional com mais justiça social?*
FHC: Desde o início minha posição foi a de nunca aceitar um diagnóstico neoliberal e uma terapia neoliberal. Sempre disse que teríamos de, ao mesmo tempo, ampliar a ação do Estado, na educação, na saúde, e combinar formas de controle social mais diretas.

Acredito que os sinais que vêm da Europa são uma antecipação de que a ideia de mais mercado e menos Estado é um pouco simplista. Na verdade, precisa haver mais mercado e mais sociedade — ou seja, mecanismos de pressão social que permitam evitar os efeitos negativos do ajuste liberal puramente em termos de mercado.

AT: *Como se pode aumentar a capacidade de influência e pressão das camadas populares? Como se pode fazer reformas numa sociedade com grupos e interesses corporativos tão fortes?*

FHC: Por um lado, existe alguma ação direta das populações pobres, que, no caso do Brasil, estão sob influência dos partidos que estão contra as reformas. Embora estejam a favor dos pobres, eles acreditam que as reformas são contra os pobres.

Eu acho que não.

Por outro lado, há aqui um sentimento difuso a favor das reformas. Esse sentimento se manifesta nos meios de comunicação. Numa sociedade como a nossa, heterogênea e complexa, todo mundo sabe o que está acontecendo. É uma sociedade que Foucault diria pan-ótica, mas em sentido inverso: não é o poder que está com os olhos na sociedade, mas é a sociedade que está, toda, olhando para o poder. A sociedade está como num sistema de *feedback* que pressiona o governo e o Congresso. Ou você acerta, simbolicamente, a direção que a sociedade deseja ou então você recebe, imediatamente, o *feedback* negativo de que está indo mal.

A ideia de mais mercado e menos Estado é simplista. Precisamos de mais mercado e mais sociedade, ou seja pressão social que evite os efeitos negativos do ajuste liberal.

Notre tâche n'est pas de gouverner mais de transformer
[*Le Monde*, 25 de maio de 1996]

— *O sr. continua sendo de esquerda?*

— *O que quer dizer exatamente, para você, ser de esquerda?*

— Dar maior prioridade à justiça social do que às preocupações econômicas.

— Se você tivesse lido Marx, não teria jamais me dado essa definição. A justiça social, tomada isoladamente, é apenas e tão somente a caridade. Isso pode garantir um lugar no céu, mas não vai transformar a situação na terra. Ser de esquerda, para mim, é compreender a situação objetiva e fazer as transformações necessárias para permitir que os valores do humanismo, da democracia e da justiça social possam triunfar. Nesse sentido, sou verdadeiramente de esquerda.

Justiça social tomada isoladamente é apenas caridade. Ser de esquerda é fazer as transformações para que os valores do humanismo, da democracia e da justiça social possam triunfar.

O mundo em português: um diálogo
[Diálogo entre Fernando Henrique Cardoso e Mário Soares, 1998]

MS: *Continuamos a pensar que o Estado é fundamental.*

FHC: E, por isso, somos contra esse predomínio do mercado na forma mais abstrata, de mercado financeiro puro, de mercado de derivativos, de aposta no custo futuro do dinheiro.

MS: *Como organizar as defesas dos Estados contra a irracionalidade do sistema?*

FHC: Não vejo solução senão no fortalecimento da nova ordem mundial em bases mais abertas, de participação de todos.

MS: *E da democracia.*

FHC: Da democracia, da radicalização da democracia. O que é a esquerda hoje? A primeira ideia é a de liberdade, que continua no centro do debate. A segunda ideia é a da democracia, que não é a mesma coisa que liberdade.

MS: *Às vezes até pode ser o contrário. De certo modo...*

FHC: A terceira ideia é a da participação. Finalmente, é preciso alguma forma de cimentar tudo isso, alguma forma de solidariedade, de justiça social.

Aí reaparece a questão das religiões. Nas sociedades tradicionais, o grande cimento social era religioso, de ajuda a uma realização transcendental. Com a secularização da cultura, com a laicização, a partir do século XIX, a ideologia tornou-se o cimento que substituiu religião. Hoje, as religiões estão revivendo em grande parte em função da perda da capacidade mobilizadora da solidariedade de classe, embora essa seja insuficiente para vislumbrar as formas de sociabilidade futuras. Falta uma concepção mais generosa e prática de solidariedade.

O que é esquerda hoje? Liberdade, democracia, participação e o que cimenta tudo isso, solidariedade e justiça social.

MS: *Com o fracasso do comunismo, a social-democracia devia afirmar-se em toda a sua pujança. O que sucedeu foi o contrário. A social-democracia perdeu força e assiste-se a uma tentativa de adaptá-la ao mercado mundializado.*

FHC: Haverá muitas razões pelas quais a ideia social-democrata perdeu força. A principal, provavelmente, foi uma certa escle-

rose do Estado, das estruturas estatais. Foi a crise fiscal. Esse processo esteve na origem do "thatcherismo" e do regresso a ideias neoliberais.
É preciso reformar o Estado, renovar os espaços públicos. As crises na Europa social-democrata são crises do Estado, não implicam a rejeição do bem-estar do povo como objetivo nem da ação pública a bem da coletividade. A crise resulta dos custos de manutenção das burocracias e da necessidade de maior dinamismo nos investimentos.

MS: [...] *Essa angústia de não é só provocada pela pobreza crescente: estende-se também ao problema da droga, da violência...*
FHC: Há vários caminhos para lutar contra esses males. As religiões sempre foram formas de integração e formas de combate a esse tipo de fenômenos e angústias.

MS: *Não deixa de ser curioso que alguém que faz o elogio permanente da racionalidade apele para as religiões para resolver um problema dessa ordem.*
FHC: Não estou a apelar. Estou dizendo apenas que as religiões exercem um papel. Não creio que sejam o único instrumento. Outro instrumento são as ideologias, que levam ao associativismo e a alguma espécie de crença no futuro, a algum idealismo. O problema é que as ideologias contemporâneas entraram em crise. Agora assistimos à crise da não ideologia.

MS: *A tese de que as ideologias acabaram é também uma forma de ideologia, por sinal muito retrógrada. Porque leva ao cruzar dos braços...*
FHC: É, de fato, uma forma, mas negativista.

MS: *Porque a globalização, sendo uma realidade, também é uma ideologia.*

FHC: Só que negativa, é um contravalor, se por globalização se entender que a sociabilidade depende só dos mercados. Diante desse contravalor, as formas mais simples de integração, que são as religiosas, ganham força, quando há ideologias percebidas como um valor positivo e integrador.

MS: *Um projeto talvez seja melhor ainda do que uma ideologia...*
FHC: As sociedades não conseguem viver, sobretudo as contemporâneas, sem um projeto, sem acreditar.

[...] Um projeto tem de apoiar-se num conceito que ultrapasse o interesse de cada um ou de cada segmento social. A nação foi a resposta a isso, em dado momento, mas hoje a nação não é suficiente por si só.

As sociedades não vivem sem um projeto. O próximo século vai assistir ao embate entre o capitalismo especulativo e uma proposta de sociedade fundada nos valores de bem-estar e felicidade.

O próximo século poderá assistir a um embate entre as formas de capitalismo especulativo, com a sua não ideologia, acreditando que o mercado deva regular a sociedade, e uma proposta de sociedade que, embora não cega às vantagens do mercado e reconhecendo a globalização do sistema produtivo, vá além disso. Conteria a crítica à nova ordem, em nome do "comunitarismo", de valores humanos de bem-estar e felicidade assumidos em relações sociais de novo tipo.

O presidente segundo o sociólogo
[Entrevista a Roberto Pompeu de Toledo, 1998]

— *Os partidos não tenderiam à obsolescência, num mundo com mídia onipresente, organizações não governamentais e outros condutos para a manifestação da opinião pública?*

— Não creio que seja possível uma democracia sem partido. Acho fundamental a mídia, acho cada vez mais importante o papel das organizações não governamentais. Temos crescentemente uma sociedade ativa, que participa. Acho que, por seu lado, o Estado tem de ser poroso, para permitir que a sociedade penetre nele. Mas chega um momento em que não existe outra maneira de a vontade geral se manifestar que não seja por meio do voto. O voto precisa ser representativo e a representação quem faz são os partidos. Tenho muito medo das democracias plebiscitárias, porque trazem o risco da ditadura.

[...]

[...] O número de informações aumentou e o grau de compreensão também. Nos anos 60 e 70, toda a teoria de comunicação era de que a mídia alienava. Era o reforço da ideologia dominante e, sendo assim, a classe dominante se perpetuava pela mídia. Isso não é verdadeiro. Nunca aceitei — porque não aceito que o receptor seja passivo — essa história de que a mídia leva à alienação. Aumentou o grau de informação das pessoas, assim como seu interesse e sua capacidade de seleção.

Então, o que preciso é explicar. Se tentar ser populista, vou perder, porque não consigo, não é o meu jeito. Não consigo fazer um papel histriônico. O que poderia usar é da ironia, que é mais afim com meu estilo. Mas a ironia é uma arma perigosa. Ela faz sucesso no pequeno círculo intelectualizado. Na massa, parece presunção. Então, não posso usar essa arma. Posso usar o bom humor, e uso, porque tenho bom humor. Posso brincar, não levar as coisas a sério de vez em quando, quebrar um pouco o formalismo das situações. Mas o importante, mesmo, é a capacidade de explicar, e a ela é que mais

Tenho medo das democracias plebiscitárias que trazem o risco da ditadura. O que preciso é explicar. Se tentar ser populista, vou perder, porque não consigo, não é o meu jeito.

tenho me dedicado. Em lugar dos símbolos, que jogam para o ar alguma coisa que não se entende bem, eu jogo com o entendimento.
[...]
Ainda estamos na fase de institucionalização da cidadania. De institucionalização da cultura cidadã. Ainda estamos num momento em que as demandas são genéricas, quando o exercício maior da cidadania, no mundo contemporâneo, é precisar aquilo que você deseja, até para poder assumir as responsabilidades no encaminhamento de seus desejos. Aqui, se diz: "Há muita fome no Brasil." Quando a demanda é genérica, não há solução, e também não há responsabilidades. Seria preciso indagar: "Onde está a fome? Em que região? Quantos são os famintos? O que dá para fazer?"

Político não é quem tem objetivo. É quem constrói o caminho.

[...]
A dificuldade que tenho com meus companheiros acadêmicos é esta: eles não conhecem as engrenagens. Se faço tal coisa, posso quebrar a engrenagem. Geralmente, a pessoa está pensando no resultado lá na frente, mas não em como se chega lá. Política é o caminho, não é o objetivo. É preciso ter objetivo, mas o político não é só quem tem objetivo, é quem constrói o caminho.

Não esqueçam o que eu escrevi
[Entrevista a Cassiano Elek Machado. *Folha de S.Paulo*, 10 de maio de 2003]

— O sr. nega ter dito "esqueçam o que escrevi". Mas o sr. mesmo cita como uma verdade política o velho bordão "o que importa não é o fato, é a versão".

— Nunca ninguém afirmou que tenha ouvido o "esqueçam o que escrevi". É maldade pura. Não fico incomodado. Não adianta ser contra essas coisas. Elas existem. Mas foi uma frase num certo contexto político. O que queriam dizer é que eu tinha mudado de posição. Em geral são pessoas que nunca me leram. Se tivessem, veriam que há 30 ou 40 anos tenho mudado de posição. Em certas situações você tem de mudar. Se a situação mudou ou você aprendeu mais, por que não? Mas simplesmente não disse essa frase. Uma coisa é mudar, outra é pedir que esqueçam. Aí parece que você está, como se diz em linguagem religiosa, abjurando.

— *O inglês Anthony Giddens, um intelectual próximo ao sr., afirma que a classificação do espectro político em direita e esquerda hoje atrapalha. O sr. concorda? Qual o lugar das ideias do sr. atualmente, na direita ou na esquerda?*
— Depende de como se define direita ou esquerda para saber se atrapalha ou não. O que Giddens provavelmente pensa quando diz isso é em uma esquerda classista, estatizante, revolucionária. Isso não quer dizer que não exista um pensamento mais progressista e um mais conservador. Algumas ideias são muito consistentes: uma sociedade mais igualitária, com mais liberdades, mais justa. Se você considerar por aí, não encontrará um texto meu que não esteja na esquerda. Se olhar pelo ângulo da esquerda dogmática, aí vai dizer que não.

Sociedade e Estado

Não cheguei à crítica do nacional-estatismo pela via do liberalismo econômico. Cheguei antes pela via da convicção democrática, pela convicção de que o nacional-estatismo é concentrador de poder econômico e político e pode sufocar a democracia.

Regulação, competição, inovação eram palavras fora do horizonte intelectual de muita gente.

A esfinge fantasiada
[*Opinião*, 1 a 8 janeiro de 1973]

A ponte entre as massas, a vida privada e a ordem pública se está constituindo em torno de uma mística leiga que dispensa sacerdotes, consubstanciada nas ideias de crescimento econômico, imagem externa de um Brasil poderoso, coesão de todos em volta do Estado. Quem a essas metas se opuser incorrerá nos riscos da excomunhão, será acusado de estar mancomunado com as maquinações dos inimigos externos.

A confusão e identidade entre a nação — Brasil — e o Estado está na base de tudo isso. Criticar o Estado e o regime passa a ser considerado automaticamente como criticar o país. Expulsa-se, dessa forma, a oposição da pátria. Só a oposição bem-comportada, isto é, que não critica radicalmente as formas atuais de relação entre o Estado e a Nação e, menos ainda, o regime, tem lugar ao sol. Passa-se a viver sob o clima de uma expectativa de adesão total.

[...] Há em gestação um novo arranjo, não democrático, entre Estado e sociedade pelo qual os grupos dominantes na sociedade, entre os quais em papel predominante os setores empresariais nacionais e estrangeiros, se articulam com a burocracia do Estado. Em lugar dos partidos funcionam na realidade anéis que ligam e solidarizam os interesses de grupos privados e de setores das empresas do Estado e do próprio Estado.

O caminho é assumir os riscos de enfrentar os temas da zona de incerteza entre o que pode e o que vale, balizando pelo exemplo as novas fronteiras do possível.

A verdadeira questão do poder só poderá começar a ser encaminhada quando forem reativadas as correntes de opinião, depois de reestabelecido o *habeas corpus* e os direitos individuais, pelo fluxo mais livre das informações.

Esperar que um belo dia o sistema se abra é uma ilusão. O caminho possível consiste em assumir na prática os riscos e o ônus de forçar o circuito das informações, enfrentar os temas escorregadios da zona de incerteza entre o que pode e o que vale, balizar pelo exemplo as novas fronteiras do possível. Essa tarefa não pode ser concebida como privativa dos civis ou da oposição consentida.

Para reerguer um povo mergulhado na apatia e na filosofia de um consumismo de uns poucos que se propõem como exemplo para uma maioria empobrecida, é preciso um esforço tenaz e amplo, que no primeiro momento tem de ultrapassar os compartimentos estanques que os anos de autoritarismo impuseram aos brasileiros.

Regime político e mudança social
[*Revista de Cultura e Política*, 1981]

[...] Se a crise do liberalismo se abre à nova temática do Estado onipresente, com seus efeitos deslegitimadores, e da inexistência de uma racionalidade cidadã automática nas sociedades de massa, reciprocamente a crise do marxismo abre-se à análise da questão da representação política e dos riscos inerentes à concepção do "partido embrião do Estado futuro", que termina por agudizar a separação entre política e sociedade e por transformar o antigo partido da revolução em cadeia transmissora da dominação burocrático-estatal.

Nessa brecha, surge a terceira corrente de pensamento a que quero referir-me e que tem incidência importante no pensamento atual. Refiro-me ao "pan-politicismo" e ao "movimentismo" — em geral associado ao "basismo", isto é, à desconfiança das cúpulas e das instituições político-representativas.

É óbvio que, formulada vagamente como o fiz, essa corrente é híbrida. Especialmente quanto ao "movimentismo" e à desconfiança das organizações políticas por distanciarem as bases dos centros de decisão, ela se inspira em grande parte numa espécie de populismo religioso que revaloriza a noção de comunidade e que corta drasticamente o nó entre Estado e política revolucionária ou mesmo democrático-popular.

Junto com essa atitude joga-se fora frequentemente a criança com a água do banho: os partidos, por relacionarem a sociedade (a comunidade) com o Estado, são, em última análise, eles da dominação; melhor cuidar, pois, no aqui e agora, da experiência cotidiana da massa — da base — de cada reivindicação específica, posta e encaminhada pelos próprios interessados em sua luta, do que perder o hálito morno da vontade direta do povo, nos mil e um meandros e comitês dos partidos e das instituições representativas que terminam desembocando no Estado.

[...]

Não é apenas a partir dessa versão "popular-basista" que nasce a crítica política desse tipo de enfoque. Existe uma versão mais sofisticada do "pan-politicismo" fora do Estado. Refiro-me às análise de Foucault sobre o nível molecular do exercício do poder — "a microfísica do poder" — e ao reconhecimento de que seria necessário partir da especificidade de cada questão colocada, refazendo genealogicamente seu processo para descobrir os mecanismos e as técnicas de poder que estão relacionados com os saberes sobre a loucura, a sexualidade etc. e que, por sua vez, são relevantes para o entendimento do poder do Estado.

> O "movimentismo" associado ao "basismo" se inspira num populismo religioso que valoriza a noção de comunidade e corta o nó entre Estado e política.

91

Os pontos que ora interessam da abordagem de Foucault são a convicção de que o poder se difunde não necessariamente a partir do "centro" (do Estado) para a periferia e que ele pode ser *gerado* na periferia (ao novel das microrrelações sociais).
[...]
A crise da legitimidade nas sociedades avançadas — que tem muitos fatores precipitantes — põe em causa as crenças liberais tradicionais. A expansão do Estado, a oligopolização da economia, o controle dos meios de comunicação de massas por grupos de poder e grupos econômicos obrigam a repensar o papel dos partidos e as bases para a cidadania nas sociedades complexas. Levam, por outro lado, a um "descolamento" entre o Estado — que é a alavanca mestra da acumulação, inclusive a privada — e a sociedade, ou melhor, os dominados na sociedade.
[...]
[...] A "abertura" brasileira mostra que as mudanças ocorridas no plano político (mesmo que tenham sido provocadas pela estratégia conservadora de entregar os anéis para não perder os dedos) repercutem fortemente no plano social. Não fora a crise de 1976-1977 (política), a pressão da sociedade civil movida pelos setores "supraestruturais" (Igreja, intelectualidade, advogados etc.), a pugna intragrupos dominantes (apesar da reconstituição no governo Figueiredo de uma "Fronda Conservadora", como eu a chamei) e as greves de 1978-1979 e 1980 não teriam ocorrido *na forma e com as repercussões políticas* que tiveram.
[...] A concepção liberal de separação entre Estado e sociedade civil precisa ser criticada e repensada. A questão atual não é apenas a de garantir a autonomia da sociedade civil em si, mas é a de recolocar a questão do controle democrático do Estado, sem imaginar que esse esteja em fase de desaparecimento, seja no mundo capitalista, seja no socialista.

E é também a de criticar a recusa de pensar o Estado, que existe implícita na atitude "basista" e na valorização absoluta dos movimentos sociais frente aos partidos, como se o povo, a "base" (o que é a "base" da sociedade industrial-complexa?), a periferia do centro de poder, fossem não apenas "puros e bons", mas capazes de levar a soluções sociais, econômicas e políticas sem uma "visão do todo". Ora, o desprezo pelo Estado torna esse tipo de pensamento generoso, mas ao mesmo tempo impotente para enfrentar o desafio do controle de sociedades complexas.

Não se trata apenas de garantir a autonomia da sociedade civil, mas de recolocar a questão do controle democrático do Estado.

[...]

Existe hoje uma tendência, não apenas "basista", que cega a compreensão dessas questões, mas que se esquece de que nas sociedades de classe a ideologia das classes dominantes e a prática da dominação marcam os dominados na sua subjetividade (não apenas ao nível do discurso), na sua visão do mundo, e os mutilam dos saberes necessários à liberdade. Sendo assim, a "boa consciência" não é a "consciência ingênua" ou espontânea, mas a consciência crítica, que há de dar conta dos problemas gerais que afetam a sociedade. A menos que nos contentemos com a dicotomia que deixa aos dominadores a tarefa de controlar o Estado e exige para os dominados apenas o direito de construir seus espaços de liberdade, de costas para o conjunto da sociedade, o que é manifestamente insatisfatório como política geral.

Cabe a pergunta: posto que não vivemos na Grécia antiga, nem é provável que numa democracia de massas a decisão ocorra sob forma puramente comunitária, ao dar-se alento a tal atitude não se estará, na prática, fortalecendo apenas o polo oposto, o da decisão tecnoburocrática, a nível do Estado ou da fábrica?

Convém esclarecer: a questão real não consiste em eliminar o peso da base e limitar a mobilização e o assembleísmo (que, repito, especialmente no caso de sociedades elitistas, são importantes), mas em criar os mecanismos necessários para, ao mesmo tempo, revitalizar a base e dispor de instrumentos eficazes de ação para pressionar e *controlar* os núcleos de decisão e de poder.

> **A questão não é eliminar o peso da base e limitar a mobilização, mas criar instrumentos de ação capazes de pressionar e controlar os núcleos de decisão e de poder.**

[...]

Entre os dois polos transitam os defensores do novo populismo (sem a anterior conotação pejorativa da manipulação estatal): é o "povão", a gente sofrida da periferia das cidades e do campo, são os "humildes", que, independentemente de sua posição estrita de classe no sistema de relações produtivas, carregam consigo os germes do futuro. Tateando, ainda, vão tecendo na luta cotidiana o caminho de sua autonomia social e política, pavimentado na dignidade do ser humano e direcionado para a igualdade e a justiça.

[...]

O "partido hegemônico" do capitalismo oligopólico, especialmente nas situações de dependência, é o Estado como burocracia, como produtor associado às multinacionais ou às empresas locais e como governo em *ultima ratio* de base militar. O inesperado na etapa brasileira atual é a separação formal entre o Executivo e as Forças Armadas e a proposta de "armistício" que os donos do poder fazem à sociedade. Em que consiste esse armistício?

Em que a sociedade aceite como legítima uma ordem que *separa radicalmente* a esfera do político da esfera do social (sindicato não é para "fazer política"; Parlamento não é para fazer leis que digam respeito à administração da vida: orçamento, gastos sociais etc.; igreja é para rezar; universidade para estudar etc.) que deixa o econômico solto do controle social mas apenso ao Estado e que separe, ainda por cima, o poder real (o governo e a administração) dá área de expansão política que é deixada à sociedade, isto é, os partidos e o Parlamento.

E consiste também em que em troca disso o Estado se mostre sensível ao "clamor geral dos povos". Como? Por uma proposta de políticas sociais (previdência, legislação salarial) mais aberta e pelo estabelecimento de um sistema de radares políticos que se *antecipam,* desnaturando-se e desvirtuando-as, às reivindicações dos setores populares e das classes médias.

É a proposta de um Estado-Panopticon, que tudo vigia e a tudo busca antecipar-se, registrando como se fosse o olhar de um deus, os conflitos, as demandas, os protestos da sociedade. Para isso a criação dos espaços "legítimos" de protesto, o jogo institucional dos partidos, a liberdade relativa de expressão, a crítica "sem medo mas sem eficácia", em suma a "distensão", constituem peças importantes.

[...]

A "sociedade civil" engatinha nessa matéria. O dilema partido ou movimento social, basismo-assembleísmo ou representação política, participa-

Há que combinar a crítica nos interstícios da sociedade com uma nova proposta de simbiose entre sociedade e Estado que leve a seu controle democrático. Isso não se faz de costas para o Estado.

ção generalizada ou eficácia técnica da decisão (e seus múltiplos hibridismos) apenas começa a ser posto. Creio que a esta altura da partida já muitas ilusões desfizeram-se quanto à "forma-partido" do século XIX. De igual modo a gangorra típica do "movimento social" não permite que a partir desse tipo de ação política se proponha uma "alternativa de poder".

Se não houver a crítica constante nos interstícios da sociedade — a microfísica da política — e se não houver uma nova proposta de simbiose entre sociedade e Estado que leve, de fato, à "socialização" do Estado e a seu controle democrático, e, ao mesmo tempo à valorização do poder, e do poder estatal, como objetivo a ser conquistado (a todos os níveis e não só o poder central), as oposições correm o risco de um dilema: ou repetem no poder a proposta Panopticon ou são generosamente inoperantes, se apenas derem as costas para o Estado.

A democracia na América Latina
[*Novos Estudos Cebrap*, outubro de 1984]

Atormentados pela eventualidade da guerra revolucionária das místicas guerrilhas do "Che", os militares acentuaram a repressão, valorizaram a ordem e se algo institucionalizaram foi o espírito corporativo. Ocuparam descaradamente as instituições estatais e fizeram do solo da burocracia campo próprio de manobras.

Nasciam assim, sob o incentivo do medo — por toda a parte sentiam a ameaça do comunismo — os regimes do terror. Não que inexistisse a ameaça. Os tupamaros, os montoneros, os guerrilheiros das cidades (mais do que dos campos) viviam sua saga, pagando com sangue o tributo à possibilidade, que acreditavam existente, de fundar na terra o paraíso sem males da igualdade social. Mas entre o visionarismo armado de uns e a bestialidade de repressão estatal de outros, a distância era enorme. A tortura ganhou dos quixotes modernos a batalha política. E tentou fazer das sociedades sanchos-pança da ordem, quase sem progresso.

[...]

[...] O estilo do desenvolvimento deveu-se menos à forma do regime do que ao tipo de Estado. Se é verdade que os regimes se militarizaram, o novo poder não alterou as bases da dominação social. O Estado, enquanto síntese das relações de dominação, continuou respondendo às classes, e não, estrito senso, ao estamento burocrático-militar. Assim, a resposta à pergunta "quem manda" é só parcialmente: os militares. Mandam, sim; controlam o Estado; mas não definem nesse mandar e nesse controlar as políticas centrais do governo.

Por um lado a repressão, a vontade de tudo ordenar para imprimir numa sociedade que

Sob o incentivo do medo, nasciam os regimes de terror. A distância entre o visionarismo armado e a bestialidade da repressão estatal era enorme. A tortura ganhou dos quixotes modernos.

eles consideram se não anárquica, amorfa a marca de uma disciplina capaz de suportar os atropelos da reivindicação social. Por outro, uma condução político-econômica orientada pelos velhos ideais de *laissez-faire*, mas que, pouco a pouco, se transfigura em dirigismo e intervencionismo estatal para assegurar crescimento a partir das grandes empresas oligopólicas. E à margem de tudo isso, pela voz dos conservadores, o eco do liberalismo político, tentando contrapor-se ao mesmo tempo ao corporativismo militar-estatal e aos traços mais abertamente fascistas que setores da sociedade e das Forças Armadas nunca deixam de propor.

[...]

[...] No Brasil, a nova sociedade — de massas, aberta à influência do cosmopolitismo cultural, sincopada ao ritmo das televisões e dos *mass media* — tão logo os regimes se liberalizaram, tornou-se uma sociedade reivindicante.

Nos países em que existe a presença ativa das "novas classes" (o empresariado internacionalizado, os setores médios modernos e os líderes operários), tornou-se difícil que o ímpeto repressivo (em geral emanado dos círculos militares e administrativos vinculados aos serviços de manutenção da ordem e de controle das informações) durasse mais do que os momentos de conflito político-social aberto ou que se dirigisse indiscriminadamente à sociedade toda, restringindo-se aos setores ditos "subversivos". A própria dinâmica da economia internacionalizada leva à abertura de horizontes.

A resistência democrática finca raízes no plano social mais do que no político. Nesse caminhar surgem novas ideias, novas práticas e novos atores.

A resistência democrática, até que ocorra a liberalização do regime, convive com o autoritarismo. Essa resistência finca raízes no plano social, mais do que no político. A Igreja Católica, por um lado, a pequena imprensa que foge ao controle dos meios de comunicação, de outro, os grêmios profissionais (dos advogados e dos escritores, sobretudo), as universidades e algumas organizações científicas, bem como setores sindicais, acabaram por tomar em suas mãos, com força, o tema dos direitos humanos e, mais tarde, o da redemocratização.

Nesse caminhar para a redemocratização surgem novas práticas e novas ideias. Quanto às novas práticas, o que chama mais atenção é a presença dos "movimentos sociais" no quadro preferencial da política.

[...]

Na resistência ao autoritarismo, inicialmente, os movimentos sociais não correram à frente. A resistência se deu a partir dos setores progressistas da "classe média" [...] Mas o que tornou os regimes militares mais vulneráveis foi a junção dos efeitos liberalizadores desencadeados por essas lutas com a reivindicação social mais ampla. Daí que, na dinâmica política, antes de ocorrerem avanços propriamente redemocratizadores (eleições livres, regionais ou nacionais, limitação dos efeitos de leis repressivas, anistias, reconhecimento da vida partidária etc.) houve a criação de um clima de diminuição do medo à repressão e de garantia de liberdades civis *(habeas corpus,* liberdade de imprensa etc.).

Mas é inegável que a contenção das práticas repressivas e a aceitação da liberalização do regime por parte de setores das Forças Armadas e do governo foi e é condição importante para a superação do autoritarismo.

Estabelecida essa dinâmica, depois de tateios, dificuldades e rejeições entre os grupos de resistentes para que sejam estabelecidas pontes com os setores do regime que se propõem a uma "abertura", ou o processo de transição se estiola em umas poucas concessões ou entram em cena novos atores, menos motivados pelo abrandamento da ordem política e mais exigentes quanto à ordem social e quanto à agenda efetivamente redemocratizadora.

Em política ou se deslocam os limites do possível, ampliando os horizontes de opções, ou se aceita que a forma atual da ordem é a conveniente. [...] Convém alimentar a paixão pelo possível. Mas, como toda paixão, essa também idealiza seu limite e o vê em expansão contínua.

Em política, ou se deslocam os limites do possível, ampliando os horizontes de opções, ou se aceita a forma atual da ordem.

Apesar dos exageros, ocorre, efetivamente, nos países que sacodem a poeira do autoritarismo uma espécie de "invenção dos atores". [...] A nova sociedade, ao mesmo tempo em que gera a "cultura do espetáculo", que penetra na política, gera também dois fenômenos específicos: a segmentação do social e a busca de um novo espírito de comunidade.

Entre o trabalhador do ABC de São Paulo, coração da industrialização, e os boias-frias (os trabalhadores rurais volantes) do mesmo estado, para não falar dos trabalhadores e dos sem-emprego do Nordeste, existe um abismo maior do que entre os trabalhadores do ABC e os operários franceses. Segmentou-se, mais ainda, uma sociedade já muito segmentada. E, ao mesmo tempo, aumentou a ânsia de participar do "mundo desenvolvido".

Sociedade segmentada, permeada ao mesmo tempo pela expectativa de êxito e da obtenção de algo melhor na vida, gera, também, um estilo de reivindicação que se apoia na parte mais do que no todo: na categoria profissional mais do que na ideia de classe; no bairro e na vizinhança mais do que no Estado e no país; no líder local mais do que no nacional; na paróquia mais do que no partido.

[...]

Amiúde a retórica forte dos movimentos de base, os da Igreja Católica sobretudo, esconde por trás da teologia da libertação e de uma nunca completamente enunciada teoria da nova revolução uma profunda consciência de direitos e de reivindicação de participação democrática. Dá-se uma releitura de Marshall, com a Igreja a jogar o papel, a despeito da linguagem, de grande propulsora da cidadania. Fenômeno não surpreendente para quem sabe que, em nome de Deus, de seu chamamento e de uma ética de restrições e de trabalho o protestantismo ajudou na formação do capitalismo. Nessa ótica, a doutrina social da Igreja, a revalorização dos pobres e a reivindicação social mais forte estariam contribuindo para o surgimento da democracia na América Latina e para a ampliação da cidadania.

[...] A reivindicação nasce com o espírito da *communitas;* menos do que o êxito individual na competição regida pelo mercado (da economia ou da política) dá-se o encontro entre uma motivação solidarista, fortemente associativa, e o reconhecimento pelo *estado* do "direito da categoria", do bairro ou do grupo.

É essa fusão entre a consciência da diferença — do específico —, que constitui novos atores, e o reconhecimento do Estado como instância reguladora necessária da nova sociedade que faz emergir um paradigma de democracia distante dos moldes clássicos. Nele, por certo, o Estado representa a dominação de classes. Mas não se resume a ela. E isso por várias razões: porque ao tornar-se Estado-produtor e ao dar abrigo a uma burocracia empresarial, a luta reivindicativa "da sociedade" passa a ser, *ipso facto*, uma luta "dentro do Estado"; porque em suas funções reguladoras o Estado intervém na competição entre capitais e na formação deles; porque a regulamentação da cidadania não se resume à definição da condição de eleitor, mas implica a concessão pelo Estado de direitos sociais publicamente reconhecidos.

Emerge um paradigma de democracia distante dos moldes clássicos. A luta reivindicativa da sociedade passa a ser uma luta "dentro do Estado".

[...]

O Estado passa a existir entrelaçado com a sociedade, refazendo, de outro modo, a distinção clássica entre a sociedade civil e a sociedade política. Dá-se a panpolitização do social e, nessa acepção restrita, a socialização do estatal. Emerge, no horizonte valorativo das crenças democráticas, a noção do *público:* mais do que restringir a ação do Estado e dar força ao setor privado, a luta antiestatal torna-se uma luta pela transparência da ação governamental e para o aumento do controle social (público) das políticas oficiais e da gestão estatal.

[...]

A democracia, pós-autoritarismo militar, ganha a força de um valor em si. Existe, é certo, a reivindicação da autonomia do social como componente indispensável no novo horizonte político latino-americano; existe, inequivocamente, o sentimento da desigualdade social e a convicção de que sem reformas efetivas do sistema produtivo e das formas de distribuição e de apropriação de riquezas não haverá Constituição nem estado de direito capazes de eliminar o odor de farsa da política democrática.

O sistema político não absorve a dinâmica do social. A nova democratização inclui um reequilíbrio de poderes entre Estado, movimentos da sociedade civil e partidos.

Mas existe também a crença de que o sistema político, seja no aspecto partidário, seja no estatal, não absorve a dinâmica do social e não deve absorvê-la. E correlatamente sente-se que a panpolitização inespecífica do social, por si só, não refaz instituições, nem assegura o equilíbrio necessário entre os distintos níveis da sociedade. A nova democratização inclui um reequilíbrio de poderes entre Estado, movimentos da sociedade civil e partidos.

Discurso de despedida do Senado
[Proferido pelo presidente eleito Fernando Henrique Cardoso, 1994]

Acredito firmemente que o autoritarismo é uma página virada na história do Brasil. Resta, contudo, um pedaço do nosso passado político que ainda atravanca o presente e retarda o avanço da sociedade. Refiro-me ao legado da Era Vargas — ao seu modelo de desenvolvimento autárquico e ao seu Estado intervencionista.

Esse modelo, que à sua época assegurou progresso e permitiu a nossa industrialização, começou a perder fôlego no fim dos anos 70.

Atravessamos a década de 80 às cegas, sem perceber que os problemas conjunturais que nos atormentavam — a ressaca dos choques do petróleo e dos juros externos, a decadência do regime autoritário, a superinflação — mascaravam os sintomas de esgotamento estrutural do modelo varguista de desenvolvimento. No fim da "década perdida", os analistas políticos e econômicos mais lúcidos, das mais diversas tendências, já convergiam na percepção de que o Brasil vivia não apenas um somatório de crises conjunturais, mas o fim de um ciclo de desenvolvimento de longo prazo. Que a própria complexidade da matriz produtiva implantada excluía novos avanços da industrialização por substituição de importações. Que a manutenção dos mesmos padrões de protecionismo e intervencionismo estatal sufocava a concorrência necessária à eficiência econômica e distanciaria cada vez mais o Brasil do fluxo das inovações tecnológicas e gerenciais que revolucionavam a economia mundial. E que a abertura de um novo ciclo de desenvolvimento colocaria necessariamente na ordem do dia os temas da reforma do Estado e de um novo modo de inserção do país na economia internacional.

[...]

A agenda da modernização nada tem em comum com um desenvolvimentismo à moda antiga, baseado na pesada intervenção estatal, seja por meio da despesa, seja por meio dos regulamentos cartoriais.

Por seu lado, a instauração de uma verdadeira democracia econômica e social supõe que a ação do Estado se volte efetivamente para as maiorias menos organizadas ou inorganizáveis: os consumidores, os contribuintes, sobretudo os pobres e os excluídos. Para isso é preciso resgatar o Estado da pilhagem dos "interesses estratégicos", das "conquistas sociais" exclusivistas, do corporativismo — numa palavra, dos privilégios que distorcem a distribuição de renda.

[...]

No ciclo de desenvolvimento que se inaugura, o eixo dinâmico da atividade produtiva passa decididamente do setor estatal para o setor privado. Isso não significa que a ação do Estado deixe de ser relevante para o desenvolvimento econômico. Ela continuará sendo fundamental. Mas mudando de natureza.

O Estado produtor direto passa para segundo plano. Entra o Estado regulador, não no sentido de espalhar regras e favores especiais a torto e a direito, mas de criar o marco institucional que assegure plena eficácia ao sistema de preços relativos, incentivando assim os investimentos privados na atividade produtiva. Em vez de substituir o mercado, trata-se, portanto, de garantir a eficiência do mercado como princípio geral de regulação.

A agenda da modernização nada tem em comum com um desenvolvimentismo à antiga, baseado na intervenção estatal. O eixo dinâmico passa do setor estatal para o privado. A ação do Estado continua sendo fundamental, mas muda de natureza.

[...]

As ONGs — organizações não governamentais — já provaram sua valia na defesa da causa ecológica. Bem ao contrário de ameaças à soberania do Estado, devemos aprender a vê-las como "organizações neogovernamentais". Formas inovadoras de articulação da sociedade civil com o Estado e, por isso mesmo, sujeitas à prestação de contas e ao escrutínio público.

Por que não aprofundar essa experiência, então, engajando amplamente as ONGs no combate à miséria? Reconhecendo nelas, em parceria com o Estado, o agente novo de um modelo de desenvolvimento que seja sustentável, tanto do ponto de vista ético e social como ecológico?

O próprio Estado tem de se reorganizar para acolher essa parceria. O princípio da reorganização já está dado: é a descentralização. Descentralização e parceria com a comunidade, portanto, serão as linhas mestras das ações do futuro governo no sentido de universalizar o acesso a serviços de saúde e a um ensino fundamental de boa qualidade.

Agenda para o século XXI: a utopia viável
[Presidência da República, 1995]

Um dos objetivos centrais do processo de transformação é a mudança do Estado. É fundamental que o Estado mude para que se torne agente de transformação.

São muitos os tipos de Estado que existem, e diferenciado o seu potencial de atuação. Mas penso que, apesar das forças de globalização, apesar das hipóteses, parcialmente verdadeiras, sobre o enfraquecimento — ou melhor, insuficiência — do Estado-nação, o fato é que ainda deve ser estudado como o instrumento decisivo no projeto de transformações.

Nesse sentido, o primeiro cuidado é evitar atribuir-lhe condições que historicamente perdeu. E impossível ressuscitar o Estado desenvolvimentista da América Latina dos anos 60. O Estado no século XXI não terá o papel central no processo de investimentos. A massa de recursos do capital está disseminada em um sistema financeiro impessoal e por empresas transnacionais. Porém, não haverá investimento se o Estado não souber cumprir suas tarefas de "vigilância" macroeconômica, se não for um marco de referência estável para os agentes eco-

> O processo de transformação implica mudar o Estado e reinventar a política, reinstalando nos rumos do poder, pela via da participação, o mundo dos valores e da ética.

nômicos privados, se não for capaz de exercer eficazmente suas funções regulatórias ou de planejamento estratégico.

A liberdade de investir e o fato de que empresas privadas assumem serviços tradicionalmente públicos exigem um extraordinário cuidado para evitar formas abusivas de oligopólio, de desrespeito ao consumidor.

O segundo grande objetivo é fortalecer o sentido democrático de ação política, que, na realidade, é condicionante de uma atuação positiva tanto no econômico — a democracia deve aperfeiçoar seus mecanismos de defesa do consumidor — quanto no social. Assim, o processo de decisão será tanto mais efetivo e mais legítimo quanto mais concretamente permeado pelas demandas sociais, que, como vimos, se fragmentam dentro das sociedades nacionais.

Os processos da representação clássica devem ser complementados por algo que a teoria política ainda não sabe definir com clareza, que é a representação pela participação direta. Não quero voltar, à maneira renascentista, a modelos gregos. Não servem para sociedades complexas como as nossas. Sei, contudo, que um dos maiores desafios do nosso tempo é, à maneira do Renascimento, reinventar a política. Mas em movimento contrário ao maquiavélico, ou seja, reinstalando nos rumos do poder, pela via da participação, o mundo dos valores e da ética.

Para lembrar o que ele escreveu
[Entrevista a Vinicius Torres Freire, *Folha de S.Paulo*, 13 de outubro de 1996]

— *Nessas transições todas de suas análises a noção de classe do marxismo está mais ou menos ali presente...*
— Sim. E continua, com algumas mudanças. Como há o processo de massificação e há um processo de fragmentação da so-

ciedade contemporânea, fica difícil a agregação da vontade política baseada na classe histórica fundamental. Paulatinamente, nos anos 70, mas mais tarde, nos 80, você tem a substituição, pelos próprios marxistas, da teoria clássica de classe pela ideia de sociedade civil. Não é que não exista classe. Passa a ser outra coisa o embate. Você vê que progressivamente os sindicatos não são mais contra os empresários, são contra o

Nos anos 70 a ideia de classe é substituída pela de sociedade civil. Não é que eu tenha mudado. Mudou o mundo.

governo. Mas, ainda na sua pergunta, não é que eu tenha mudado, mudou o mundo. Você tem uma enorme fragmentação da sociedade. Em função do quê? Do modo de produzir. Isso muda o modo de atuação política. [...]

— *O mundo mudou, as classes mudaram etc. E no Brasil?*
— Ocorre do mesmo modo, com uma diferença. É que aqui, como no caso dos escravos, você tem setores excluídos em proporção maior. Mas os efeitos desestruturadores do emprego, por causa da globalização, são menores aqui do que na Europa. Mas, de novo, não posso deduzir o que se passa aqui só a partir da globalização. Quem quiser estudar isso aqui tem de perguntar qual é a especificidade brasileira. A sociedade, largada a ela mesma, marginaliza com muita velocidade.

O mundo em português: um diálogo
[Diálogo entre Fernando Henrique Cardoso e Mário Soares, 1998]

MS: *Acha, portanto, que o fundamental é reconstruir o Estado? Mas em que sentido?*
FHC: No mundo que está sendo criado, a ação pública não pode limitar-se ao Estado. Existem esferas públicas que não são es-

tatais e têm influência crescente: o terceiro setor, as organizações não governamentais, o debate que se organiza em função disso, a influência que os corpos organizados da sociedade, e mesmo os não organizados, têm sobre as decisões do governo. Há a imprensa, a mídia em geral, os seminários que se organizam, os corpos intermediários, não só sindicatos...

MS: *Aquilo a que se chama hoje, em França, as "manifestações não identificadas". Por exemplo, uma manifestação como a que surgiu a propósito dos pedófilos na Bélgica, ou as manifestações espontâneas contra o terrorismo na Espanha, ou a manifestação dos britânicos a propósito da princesa Diana, que escapam à imediata compreensão.*

FHC: Escapam, mas são fundamentais para a mudança e para a ação do Estado. Eu acho que isso é característico da nossa sociedade, tem a ver com a sociedade de massas, com os meios de comunicação e com a formação da opinião pública — um assunto pouco estudado que parece resultar, digamos, de uma eletricidade no ar que, de repente, faz as coisas acontecerem.

Minha visão é oposta à de um Estado que molda a sociedade. O Estado tem de ser sensível às vibrações da sociedade e isso não depende apenas da vontade do presidente e dos líderes políticos.

Eu vi isso muito bem na França, em 68, até escrevi um artigo para a revista da Associação Internacional de Sociologia, sobre uma nova "teoria da mudança", mostrando a mudança que se dá por meio dos curto-circuitos que ocorrem na sociedade por via dessas manifestações.

Então, quando eu digo reconstrução do Estado é também no sentido de preparar o Estado, o governo e as administrações para captarem tudo isso. É o oposto da visão de um Estado que molda a sociedade, é um Estado que tem de ser sensível às vibrações da sociedade, e essa sensibilidade não pode basear-se apenas na vontade do presidente ou dos líderes políticos. Tem de haver canais que permitam uma interação entre o governo, o Estado, a administração e a sociedade.

O presidente segundo o sociólogo
[Entrevista a Roberto Pompeu de Toledo, 1998]

— *Como o senhor definiria o Estado que está propondo? Ele não se confunde com o welfare state, mas o senhor também se recusa a chamá-lo de liberal ou neoliberal. O que é ele, então?*
— É um Estado articulador, que articula. Regulamenta, induz e articula. Não é neoliberal. Também não é nacional-desenvolvimentista, e não é *welfare*, no sentido clássico. É um Estado articulador porque aproxima sempre o privado do público. [...]

— *Nesse panorama, qual o papel das organizações não governamentais, de que o senhor fala tanto?*
— Elas são o elo entre o Estado e a sociedade, mas não só isso: são agentes catalisadores de mudanças. [...] É a sociedade que tem de avaliar a ação do Estado.

Esse elemento — noção do público — tem de ser trabalhado. Não se trata nem do privado nem do estatal. Se você for para trás vai encontrar essa noção no Gramsci, entre os autores mais recentes. O público contido nessa noção tem de respeitar o estatal, respeitar o privado e não se confundir, nem ser inimigo de nenhum dos dois. Até essa ideia se fixar de uma maneira mais nítida vai levar algum tempo, mas acho que aí é que está o novo da sociedade contemporânea. [...]

— *Entre a família dos líderes conversadores, que repetem, repetem, até encontrar um consenso, e a dos proféticos, mais afirma-*

tivos, que afirmam um caminho e acabou, o senhor parece preferir a dos primeiros. Ela lhe parece mais eficaz?
— Você não pode deixar de ser afirmativo nas coisas centrais. Se não tiver um discurso geral, não faz nada, não muda. Mas, se você tiver só o discurso geral, vira profeta ou pregador, e não muda também. Esses conceitos estão próximos da famosa distinção weberiana entre líderes políticos racionais e carismáticos. Mas eu lembraria também Guimarães Rosa: o problema é o caminho. O profeta afirma a sua verdade. Essa verdade pode até empolgar, mas não é o caminho de se construir na política. Por outro lado, se você ficar só na conversa, também não avança. Tem de haver uma combinação dessas duas coisas. Na política contemporânea você tem de ser racional, mas com base moral. O racional obriga-o a construir os meios e os fins e a base moral, a ter valores. Isso não é fácil, porque o tempo todo se está sujeito a ser atropelado por um polo ou pelo outro. Nunca respeitei na política os "puros-moralistas". Eles não vão longe. Mas também não acho que os que não têm uma base moral sejam construtivos, porque eles não mudam — eles mantêm as coisas. A responsabilidade do político é fazer as coisas andarem. É pavimentar o caminho.

As ONGs são o elo entre o Estado e a sociedade. São agentes catalisadores de mudanças.

O pensamento global de FHC
[Entrevista a Jorge Caldeira, Luiz Felipe D'Avila e Reinaldo Azevedo, *República*, 2000]

— *O sr. resgatou a credibilidade da moeda ao combater a inflação, mas ainda há uma outra credibilidade a ser resgatada, que é a das instituições.*

— Isso é um processo, não é um ato, e, portanto, consome tempo. As instituições se enraízam na cultura, nas formas de comportamento e nas leis. Na verdade, nós estamos mudando as instituições já há algum tempo. Depende também de quais instituições nós estamos falando.

— *Falemos do Estado, do mercado...*
— O Estado é uma instituição-chave, o mercado é outra. Depois, há os partidos, o sistema eleitoral. Quanto ao mercado, houve mudanças significativas. Algumas pessoas me criticaram por não ter começado pela reforma partidária, política. Criticam porque não conhecem a política. Se começar por aí, não acaba nunca. Fica-se discutindo, discutindo, discutindo... Os interesses são muito enraizados. Ou se abalam esses interesses por meio de mecanismos que vêm da sociedade ou não se tem força para mudar.

Nossa decisão foi estratégica: mexer primeiro em algumas das instituições que diziam respeito ao mercado. Eu disse que tínhamos de entrar numa Era pós-Vargas porque, verdadeiramente, tudo aqui foi feito a partir dos anos 30 tendo em vista a necessidade de um Estado forte, controlador e investidor, o que era inegável naquela ocasião.

— *Como o sr. caracterizaria esse período da Era Vargas e o que é entrar na Era Pós-Vargas?*
— O modelo agroexportador terminara, veio a crise, depois veio a guerra. Realmente, entre os anos 30 e os anos 50, as instituições gerais do Brasil foram consolidadas: Estado, mercado, partidos, sindicatos, a relação dos sindicatos com o Estado etc.

Bem, então nós propusemos uma série de medidas que significavam a quebra de monopólios porque a visão predominante era a monopolista. Até hoje nós estamos lidando com a lei das sociedades anônimas — não está ainda refeita, não é?

— até hoje o mercado de capitais não está reativado. É um processo, mas está em marcha.
Depois, foi preciso mexer nas estruturas propriamente do Estado. Aí nós atuamos em duas linhas complementares: uma foi a criação de órgãos reguladores que substituíssem o Estado anterior, a Aneel, a Anatel, a Agência Nacional de Petróleo, a Agência Nacional de Águas, a Agência Nacional de Transportes. Isso é um novo Estado. É um Estado com uma situação em que não há mais os monopólios, não há mais o Estado como investidor e como guarda-chuva do setor privado.

Tínhamos de sair da Era Vargas. Quebrar monopólios. Mexer nas estruturas do Estado. Acabar com o Estado guarda-chuva do setor privado.

— *O sr. acha que isso tudo já causou uma mudança estrutural na sociedade? Há risco de retrocesso? A seu segundo mandato poderia suceder um presidente com uma visão clientelista da política?*

— Eu estava me referindo aos aspectos estruturais, fundamentais, das instituições como Estado e mercado e disse que era um processo. Bem, as instituições político-partidárias mexeram menos. Mas a sociedade mexeu muito. Há hoje uma presença ativa das ONGs, por exemplo. Os sindicatos, infelizmente, ficaram muito amarrados ainda ao modelo antigo, embora eles também estejam mudando. Já existe no próprio sindicalismo uma outra cabeça, e eu me refiro tanto à Força Sindical quanto à CUT. Essas forças vão se contrapor às forças que existem, digamos, de atraso, de clientelismo. [...]

— *O placar é de sete a zero para o Congresso contra os presidentes. Ou seja, sete caíram derrubados pelo Congresso...*
— É isso. Então é complicada a situação.

— *Diagnosticada a crise da democracia representativa, o sr. vê a chance da emergência de formas de democracia direta, avançadas, ou há o risco da atomização da sociedade, organizada segundo interesses apenas corporativos?*

— Bom, essa sociedade nova — e ao dizer "nova" não digo boa — é fragmentada e vai ser crescentemente mais fragmentada. Se pensarmos a política à moda antiga, a resposta é: sim, vai haver o desinteresse da política. Mas a política é outra coisa hoje nessa sociedade fragmentada: são grupos que são *issue oriented*, são grupos orientados para questões. E politiza, não é? Não politiza no sentido anterior nosso, que atendia à globalidade, a uma ideia totalizante.

Desde o século XIX, a aspiração máxima da esquerda o que era? Um partido que representasse uma classe que ia ser capaz de universalizar-se. Isso não há mais, o que não quer dizer que

A nova sociedade é fragmentada. Os grupos se mobilizam em torno de questões. Não há mais uma ideia totalizante. Isso muda a política.

não haja política, o que não quer dizer que haja desinteresse ou apatia. Há apatia, talvez, visto desse ângulo. É que as nossas cabeças foram feitas com outros modelos, para outras sociedades, e nós julgamos o novo pelo velho.

— *A globalização, contraditoriamente, afastou o homem de aspirações universais e paroquializou as reivindicações.*
— Creio que novas reivindicações globais vão existir. Por exemplo, nunca se imaginou que meio ambiente mobilizasse o mundo. E hoje mobiliza o mundo.

— *Então, haveria a possibilidade de um novo humanismo.*
— Isso me vem desde que eu li o Gorbachev. O que ele fez na antiga União Soviética, e ao fazê-lo morreu para a política local? Ele disse algo como: "Olhem aqui, não dá mais para pen-

113

sar em termos de partido nem de classe, talvez nem de Estado, porque nós temos hoje o terror atômico, que ultrapassa tudo, que é uma questão ambiental". Foi isso que ele disse. Bom, o sujeito não pode mais ser restrito, tem de pensar, sim, na humanidade a cada ato.

Nossas cabeças foram feitas com outros modelos, adaptados a outras sociedades. Nós julgamos o novo pelo velho. Cada vez mais os temas globais mobilizam o mundo.

A emergência desses temas universais será inexorável, mas, para isso, a globalização terá de avançar ainda mais. E isso não implicará o desaparecimento das diferenças, a homogeneização da cultura. Significará, sim, que vai haver certos temas que darão eletricidade no ar e que pegarão a todos. É o famoso "universal concreto"...

— *Do sistema hegeliano...*
— Sim, aí voltamos a Hegel.

— *Fala-se muito num sistema que garanta a governabilidade. O que ela vem a ser exatamente?*
— Você só vai poder ter governabilidade quando as instituições, no seu conjunto, forem capazes de andar numa certa direção; conjunto quer dizer mídia, sindicato, partido também, religião, é tudo. E aí a função presidencial, se houver alguma, será simbólica. E, ao dizer que é simbólica, não estou dizendo que não tenha importância, pelo contrário.

Vejam que é uma coisa paradoxal: ao mesmo tempo em que o mundo se globaliza, cada vez mais as personalidades passam a ter importância. Os presidentes e primeiros-ministros jogam diretamente na cena internacional hoje, sem a mediação da diplomacia. Por quê? Porque a mídia requer atores, teatro, não é? A política não é só isso, mas é também isso. Os que acham que a política é só isso veem na política mera farsa e têm a atitude de desmistificar. E acham que, ao desmistificar, estão prestando um serviço à nação.

— *Agora, como os outros líderes que estiveram lá em Florença* [na reunião de líderes e partidos progressistas] *veem isso? Eles têm alguma noção desse papel?*
— Uma pessoa como Clinton, que tem formação acadêmica, que é professor de universidade, que tem leitura, tem uma clara noção da história. Mas ele sabe que tem bom desempenho também como ator. É excelente, é o melhor. Mas ele realmente tem inquietações genuínas, ele vê certas coisas. O Clinton não julga o mundo pelo lado da economia, do mercado. Não é por aí que ele julga. É pelo lado do poder, mas ele tem uma certa noção da história. Por exemplo, ele disse a mim, uma vez, lá em Camp David: "A gente deve sempre olhar um país e perguntar do que ele tem medo e qual é o seu sonho". Por exemplo, a Rússia tem medo de ser invadida, porque foi sempre; os Estados Unidos, como o Brasil, nunca foram. Se têm algum sonho, é de conquista. A China tem medo da divisão interna por causa dos senhores da guerra.

— *Qual é o grande medo e o grande sonho do Brasil?*
— Boa pergunta. Nosso medo é interno, embora haja fatores externos que devam amedrontar mais, porque as crises são múltiplas. Eu acho que aqui o pessoal tem medo é do caos, da desordem, da inflação, desse tipo de insegurança. É isso: o Brasil tem fome de tranquilidade, de estabilidade física, pessoal, profissional. Eu acho que esse é o grande medo. O grande sonho é o oposto disso: é você ter isso. Agora a grande dificuldade é que o Brasil é muito desigual, é muito desigual, pelo

> O Brasil tem medo do caos, da desordem, inflação, insegurança. Temos fome de tranquilidade, de estabilidade.

menos para o sonho. O medo não, o medo hoje atinge a todos. Mas a chance de se ter hoje o seu sonho realizado e não virar pesadelo é desigual.

Me considero de esquerda
[Entrevista a Mario Sabino. *Veja*, 22 de março de 2006]

— *O ideário nacionalista estatizante ainda sobrevive no Brasil, com forte penetração nas camadas populares. Na sua visão, existe a possibilidade de retrocesso no país, comandado por um Príncipe moldado no populismo?*

— No processo político, não há nada irreversível. Acho, no entanto, que um retrocesso desse tipo se chocaria de tal maneira com interesses enraizados no país que se seria difícil que tivesse um prosseguimento efetivo. De alguma maneira o que aconteceu com o PT foi isso: não é que eles tenham renunciado de fato a suas ideias anacrônicas, estatizantes, mas é que no contexto atual elas não funcionam de forma nenhuma.

Há uma confusão entre sentimento nacional e estatismo. O Estado não é a nação. É a sociedade que expressa o sentimento nacional. É preciso estar aberto aos ares do mundo.

Quanto ao nacionalismo, é importante ressaltar que o sentimento nacional permanecerá sempre — o problema é como ele se manifesta. Aqui no Brasil ocorreu uma confusão muito grande entre sentimento nacional e estatismo. E as camadas populares se ressentem bastante disso, porque há anos lhes é martelada a ideia de que o Estado é a nação. Não se justifica mais pensar que o Estado é a expressão do sentimento nacional. A sociedade, sim, é que o expressa.

Isso não significa que se deve jogar fora o Estado, e sim ter clareza de que ele não pode ter a primazia. Para que o sentimento nacional corresponda, sem anacronismos, aos interesses da nação, é preciso entender que o mundo de hoje é diferente daquele do passado. Não se consegue mais manter a economia fechada — e menos ainda a cabeça fechada. Quem tem Internet salta fronteiras. Mas, ainda que a Internet respeite fronteiras e os países se integrem cada vez mais ao mercado mundial, o sentimento nacional, a identidade nacional, não desaparece, e nem deve. É esta a dificuldade: mostrar que os interesses do seu país são mais bem defendidos quando, sem perder de vista os valores nacionais, se tomam providências que levam seu povo a ser competitivo, mais aberto aos ares do mundo.

Desenvolvimento e globalização

A modernização era uma ideia do funcionalismo na sociologia. Nós éramos contra porque queríamos a revolução. Hoje temos de dizer "somos por uma modernização progressista".

A ideia de que estamos indo cada vez mais para o pior não é verdadeira. Mas é popular nos meios ideológicos. Os processos mais profundos e o conceito de modernização ainda não foram legitimados politicamente.

As formas específicas de viabilizar o desenvolvimento nunca foram uma questão de dogma. A questão é o que é possível fazer para o país em certo momento.

Deve-se discutir com os militares as funções que lhes cabem e os seus limites

[Entrevista a Lourenço Dantas Mota, *O Estado de S.Paulo*, 7 de agosto de 1983]

Nos anos 60, havia uma situação de estagnação econômica na América Latina. Muitos achavam, de maneira simplista, que a alternativa para isso era o socialismo, que a revolução era iminente e que não havia possibilidade de desenvolvimento capitalista para o Terceiro Mundo. Celso Furtado, retomando os temas da Cepal [Comissão Econômica para a América Latina], discordava dessa formulação. Achava que o desenvolvimento era possível, desde que se tivesse um Estado mais atuante e se estabelecesse uma nova política de relacionamento com o capital estrangeiro.

Também eu discordava daquela postura. Como tinha lido bem Marx, achava que a economia da região estava seguindo um movimento cíclico: havia uma crise, mas igualmente uma possibilidade de nova fase de expansão.

> Na visão dos anos 60 o capitalismo era inviável e a revolução iminente. Eu dizia que a estagnação não leva ao socialismo. Pode haver um surto de desenvolvimento dependente e associado, o que recoloca a questão da democracia.

Tanto achava que havia a possibilidade de crescimento capitalista que meu livro se chama *Dependência e desenvolvimento*. Minha tese não era a de que a dependência impedia o desenvolvimento e que, portanto, havia condições propícias ao socialismo, mas sim que haveria um desenvolvimento dependente, que mais tarde chamei de desenvolvimento dependente associado.

Com isso eu me opunha, em primeiro lugar, a uma visão estática da realidade, segundo a qual aqui tudo dá errado e que o capitalismo era inviável entre nós. O meu modelo, que não apliquei mecanicamente, era o de Lênin para o desenvolvimento do capitalismo na Rússia, ou seja, estava havendo aqui um processo de acumulação, e quando isso ocorre é claro que há pauperização, crescimento desordenado das cidades etc. Isso não queria dizer ausência de crescimento, mas crescimento com contradições.

Em segundo lugar, dizia que o capitalismo que estava nascendo aqui não era evidentemente o capitalismo competitivo do século XIX, mas um capitalismo já baseado numa outra forma de organização da produção, que é a grande produção oligopolística que se internacionaliza. Estava havendo transferência de núcleos importantes do centro para a periferia. Na época, não havia sequer a expressão "empresa multinacional", que se tornou corrente depois. Não havia a consciência de que as empresas se estavam internacionalizando. O que havia na esquerda era a noção de monopólio que freia as forças produtivas.

Em síntese: aqui vai haver desenvolvimento capitalista; há contradições mas não é verdade que a estagnação leva ao socialismo; pode haver um surto de desenvolvimento dependente e associado, que recoloca a questão da democracia; essa transformação não pode ser pensada como na Europa do século XIX.

O conceito de dependência estrutural se opunha à versão vulgar do colonialismo e do imperialismo como ave de rapina.

A partir desses dados, fui aprofundando a ideia de que não adiantava pensar a relação entre o interno e o externo como se pensara até então, ou seja, que as forças externas vinham e esmagavam as forças internas. Estava havendo aqui uma simbiose, de que decorria a ideia de dependência estrutural, a qual se opunha à versão vulgar do colonialismo e do imperialismo como ave de rapina.

Há formas diferentes de relação entre as economias nacional e internacional. Há economias nacionais que se organizam a partir de um enclave — cobre no Chile, petróleo na Venezuela, por exemplo — nas quais o capital e a tecnologia vêm de fora. A economia local se relaciona com esse enclave por meio do Estado, via imposto, o que mantém uma classe média. Muitas vezes esse Estado é uma aliança da classe média com os grupos da oligarquia agrária, vivendo fora do enclave. A partir do enclave, cria-se uma classe operária avançada, moderna, em contraposição à classe dirigente tradicional. Isso acarreta um certo tipo de evolução.

E há um outro tipo de economia, como a do Brasil e a da Argentina, na qual se formou uma camada de empresários nacionais. A decisão do investimento em café, por exemplo, é do cafeicultor. O capital nasce internamente, não vem de fora, embora depois evidentemente se pague um preço pela dependência no comércio internacional. Essa situação acarreta um outro tipo de evolução.

Hoje, estamos diante de um modelo que difere dos dois que acabei de apontar: o capital vem de fora, mas para uma indústria cujos produtos serão consumidos no local — automóvel, geladeira etc. A situação é diferente daquela do enclave do cobre ou do petróleo, que depende do mercado externo. Quando uma multinacional implanta uma indústria aqui, embora estrangeira ela é solidária com o crescimento do mercado interno, do qual depende.

Mais tarde, tive uma polêmica com o pessoal que dizia que o modelo brasileiro era exportador. Publiquei um livro, *As contradições do desenvolvimento associado*, no qual negava isso. Dizia em síntese: é verdade que se está exportando, mas a exportação é marginal com relação ao grande desenvolvimento do mercado interno. E isso vai dando forma a uma sociedade que é diferente da europeia e até certo ponto da americana.

Essa foi uma tentativa, minha e de outros, de sintetizar a temática que apareceu no Brasil nos anos 50 e 60. Muitos não entenderam bem o itinerário seguido para se chegar àquela síntese e se perdiam em discussões para saber se o resultado era marxista ou weberiano, o que me parecia uma bobagem. O que eu estava querendo é entender a situação nova que se criou aqui. O meu *background* é marxista, mas Marx escreveu um livro sobre o capitalismo no século XIX. Ora, nós estamos no século XX a caminho do século XXI. As estruturas de classe que Marx descreveu em seus trabalhos, às quais os marxistas continuam fiéis, são as estruturas da sociedade capitalista competitiva, enquanto vivemos atualmente numa sociedade capitalista oligopolística que industrializou parte da periferia. O que me interessava e me interessa ainda é responder à pergunta: que resultado deu isso?

Nas modernas economias capitalistas a oposição entre o Estado e o capital é uma questão secundária. Os empresários de vez em quando atacam o Estado violentamente, pois o pensamento liberal pensa que pode haver desenvolvimento sem a interferência estatal. Não pode. Hoje a espinha dorsal que articula tudo é o Estado, e o BNDES é um bom exemplo disso. No Brasil não se pode pôr o Estado entre parênteses. Por mais que a imprensa e os empresários critiquem o Estado, depois eles próprios pedem que o Estado regulamente, faça e desfaça. A crise que estamos vivendo seria muito mais grave se o Estado não tivesse o poder de articulação que tem.

A ciranda do desenvolvimento importado
[Entrevista a Jorge Pinheiro, *Folha de S.Paulo*, 9 de dezembro de 1979]

— *Como vê a questão da dependência econômica nestes últimos anos?*

— Houve um corte muito importante no processo de dependência. Não exatamente nestes últimos dez anos, mas na segunda metade dos anos 50.

[...] A partir dos meados da década de 50 começa a mudar o tipo de entrosamento entre o centro do capitalismo e a sua periferia. E mudou a forma da dependência. É que a partir dessa época, ao invés de sermos nós que buscávamos a industrialização, são as grandes empresas que começam a forçar para vir para cá. No governo de Juscelino, com o Plano de Metas, já era claro. Houve uma série de grupos, por exemplo, ligados à indústria automobilística, à indústria naval, que propiciavam isso, procurando os mecanismos de transferência, a fim de subsidiar o capital das empresas estrangeiras. E elas passaram a vir.

Nos anos 50 muda a relação entre o centro do capitalismo e sua periferia. O imperialismo industrializa a periferia. As economias locais se articulam com as internacionais. O externo vira interno.

A partir daí, toda a luta anti-imperialista, que tinha por base a crença de que o imperialismo não viria industrializar a periferia, ficou um pouco no ar. As pessoas não perceberam que o imperialismo passou a industrializar a periferia, controlando-a de outra maneira.

As economias locais se engancharam nas economias internacionais de tal maneira que o externo virou interno. O que era percebido como algo de fora passou a ser visto como algo de dentro. A Volkswagen de onde é que é? Não é Volkswagen do Brasil? Isso não só confundiu ideologicamente. Houve um problema mais interessante ainda. É que a partir desse momento o grande mercado para consumir essa produção, feita nos países periféricos que se industrializaram, não era mais o mercado dos países centrais. Era o mercado local.

Isso provocou uma tremenda alteração na estrutura social dos países que se industrializaram. E esse fenômeno é novo. É um fenômeno em que você tem dependência e ao mesmo tempo industrialização e mudanças importantes na estrutura da sociedade. O número de operários aumentou violentamente. A classe média se tecnificou: são engenheiros, administradores de empresas, economistas. A própria estrutura das empresas comporta uma massa de assalariados que não são operários diretos.

— *Poderíamos dizer então que esse processo de industrialização dá origem a novas classes?*
— Houve uma transformação da estrutura de classes. Pode ser que existissem embrionariamente essas classes, mas elas se modificam muito. A classe operária aumenta numa velocidade enorme. É esse grande ABC de São Paulo, a periferia de São Paulo.

A classe média também se modifica muito. Qual era a velha classe média brasileira? Funcionários públicos e profissionais liberais: médicos, advogados, engenheiros, professores. Isso era o grosso da classe média brasileira. Em geral pessoas ligadas às classes dominantes, mas que tinham perdido status. Ou então, em alguma menor medida, alguém que começava a subir. Essa nova classe média que está aqui é outra coisa. Primeiro, os médicos, advogados e engenheiros, que antes eram profissionais liberais, hoje são assalariados em grande medida.

O processo de industrialização muda a estrutura de classes. Aumenta a classe operária e a pequena burguesia perde importância. A classe média vira assalariada.

Outro setor importante da classe média, que era *stricto sensu* a pequena burguesia, perde importância. São os que possuem poucos bens de produção e exploram poucos trabalhadores. O vendeiro da esquina, o fulano que fazia, quase artesanalmente, sapatos. Tudo isso, não é que desapareça totalmente, mas se perde num mar de outro tipo de organização social. Essa pequena burguesia é substituída por uma outra camada. São os assalariados do grande capital. [...]

Outra modificação importante: esse processo de industrialização não se deu só por meio das multinacionais. Ele sé deu também porque houve uma espécie de acoplamento entre o setor de produção local e o setor de produção internacional. Não é que tenha desaparecido a burguesia nacional. A burguesia nacional está aí. Só que antes se poderia imaginar que ela iria repetir a história da burguesia alemã ou a história da burguesia francesa. Agora já não se imagina isso. Sabe-se que ela vai desempenhar um papel associado ao grande capital internacional.

Todo sistema de produção está enganchado. Então se você tem uma fábrica de autopeças nacional, essa fábrica de autopeças produz para uma empresa multinacional. Não tem opção. Formalmente ele é um empresário nacional, mas está inserido num contexto que internacionalizou a economia. Não é que a economia aqui haja se desnacionalizado. Os nacionais continuam aí. Até cresceram, mas se internacionalizaram. A função dos nacionais é diferente da que foi no passado. Isso é específico dessa nova forma de dependência.

Por outro lado, o setor estatal da economia também cresceu muito. É uma simplificação dizer: tudo está controlado pela multinacional. O setor estatal cresceu e o setor local também cresceu. O padrão de desenvolvimento industrial é que é dado pela multinacional: a tecnologia que vai ser usada, o tipo de produto que vai ser produzido, o tipo de consumo que é insuflado, essa nossa sociedade consumista de massa. Isso é que é o miolo da questão.

A principal forma de dependência passa a ser tecnológica e financeira. É isso que amarra a economia local à internacional.

E por último o sistema financeiro. A grande forma de dependência agora é tecnológica e financeira. É isso que amarra a economia local à internacional. Nossa economia se acoplou de tal maneira à economia internacional que ela não tem condições de realizar o ciclo completo do seu desenvolvimento. Porque não tem financiamento para isso, nem tecnologia.

O modelo de desenvolvimento industrial aumenta a dependência do capital financeiro internacional. Quando o mercado externo se contrai, a alternativa é parar de crescer ou aumentar a dívida externa.

Aqui houve uma inversão no processo histórico. No desenvolvimento capitalista clássico, os inventos, o processo de criação do setor de ponta veio paralelamente com o crescimento do conjunto da economia. Por exemplo, não se vai fazer automóvel sem antes ter resolvido os processos por meio dos quais você pode produzir certas ligas de aço.

Nos países de desenvolvimento dependente se dá o oposto. Começa pelo automóvel, pela televisão em cores, sem ter dominado esse processo. Começa por onde os outros acabam, invertido. Só que não se deu um salto para adiante. Ficou faltando uma perna.

Essa perna depende da importação de equipamentos. Para importar precisa ter disponibilidades de divisas, tem de ter dinheiro. E você só tem essa disponibilidade exportando. O modelo de desenvolvimento industrial dependente tem de ser exportador. Não porque não tenha mercado interno para consumir o que produz aqui, mas porque não tem moeda forte para importar o equipamento básico para continuar o processo de desenvolvimento. Exporta para poder importar ou a taxa de crescimento da economia decai.

Isso aumenta a dependência. Quando o mercado internacional se contrai, como aconteceu depois de 1973, e não se pode exportar, para de crescer ou aumenta a dívida externa, para poder continuar nessa ciranda louca de desenvolvimento importado. Quando não se tem dinheiro para importar, o grande capital financeiro internacional banca. E ao bancar aumenta a dívida externa, aumentam os juros da dívida e dá no que deu agora.

É outra forma de dependência, mais complicada do que a do passado. Você precisa do capital estrangeiro financeiro para financiar a sua dívida e não deu o salto tecnológico necessário. Mas você, ao mesmo tempo, criou um mercado de consumo interno já ligado a essas formas superavançadas de consumo de massa, que pressiona para que se produzam esses produtos para os quais você não tem capacidade.

— *A tendência para a próxima década é a manutenção desse modelo de dependência ou o sr. vê alguma forma de ruptura?*

— No caso brasileiro estamos numa encruzilhada violenta, porque a dívida externa está muito alta, o serviço da dívida é pesado. Dívida externa, inflação e carência de petróleo, isso nos leva a tomar decisões básicas. Decisões que vão conformar o nosso futuro.

[...] Eu me pergunto: será que não é o momento de dar uma sacudida nisso e mudar o modelo? E como se faz isso, se não oferecendo à classe média pelo menos um modelo de futuro mais solidário? Se não tem uma ideologia que diga: bem, minha gente, isto é um país que tem de ser construído não só para os ricos. Será que não é o momento de se levantarem os grandes temas, como o da guerra à pobreza? Mas essa guerra à pobreza não pode ser feita sob esse modelo.

Há condições para mudar o país. Há necessidade de mudar o país, mas não se muda o país a frio. Ninguém acredita. Hoje a crise maior não é econômica, não é do modelo, é crise de confiança política. Você não pode dizer para a classe média: não gaste gasolina porque o governo está cuidando de fazer um país melhor. Ela não vai acreditar.

Não há saída: os próximos dez anos não serão promissores se não criarmos uma força política capaz de reassegurar a confiança de que a liderança não é uma liderança para explorar, é uma liderança que realmente tem em vista uma transformação de base. Os próximos anos serão bem difíceis, porque as coisas são objetivas. O petróleo é objetivo, a dívida é objetiva, os interesses estrangeiros são objetivos. E enquanto houver essa dissociação entre Estado e povo são poucas as esperanças.

Dívida externa, inflação, petróleo nos obrigam a tomar decisões que vão conformar o futuro. É hora de mudar o modelo. Não se muda o país a frio. A crise não é econômica, é de confiança política.

Muita gente pensa que o Brasil se industrializou para ser uma plataforma para exportar porque não tem mercado interno. Não é nada disso. Aqui há mercado interno, aqui há viabilidade. O nosso caso é esse: desenvolvimento industrializado dependente.

Segunda coisa. Bem ou mal este país tem uma vantagem relativa. Ele se industrializa quando ainda tem fronteira agrícola aberta. Isso aconteceu nos Estados Unidos e no Canadá. Isso é importante porque diminui a tensão social. Não podemos jogar fora isso.

[...] Se por um lado temos todos os problemas de que falei, por outro temos uma fronteira agrícola. Temos meios para alimentar a população, temos meios para dar acesso à propriedade da terra a muita gente que quer terra. É um engano pensar que todo o sujeito que está no campo vai virar assalariado agrícola. Não vai. Tem muita gente que quer trabalhar a própria terra. Os processos não são incompatíveis. Não vai virar tudo grande empresa e assalariado. Uma parte vai ser pequeno produtor rural.

O problema do desenvolvimento não é só desenvolvimento industrial, é desenvolvimento como um todo. Nós temos de pensar num outro modelo. E para isso temos de ter capacidade de decisão política em função dos interesses da maioria da população.

As razões do presidente
[Entrevista a Roberto Pompeu de Toledo, *Veja*, 10 de setembro de 1997]

— *Que nova fase da história é essa da qual o senhor fala?*
— A fase do processo de globalização. A globalização não é um valor. Não é algo que se queira. É uma força já instaurada no processo de expansão do sistema capitalista no mundo, que produz uma série de desastres por um lado e uma série de modificações positivas por outro. Para compreender esse processo convém compará-lo com outros grandes momentos da história. Hoje, vivemos uma transformação equivalente à de 500 anos atrás, quando se deu a formação do capitalismo comercial, a expansão do capitalismo no mundo, a descoberta do Novo Mundo, o Renascimento. Esta é uma época equivalente, em que as mudanças ocorrem sobre uma base de enorme transformação tecnológica.

— *Aquilo foi globalização?*
— Claro. Hoje há semelhanças, mas estamos noutro patamar. Temos a conquista do espaço planetário. Temos um sistema produtivo que se integrou e, o que é mais complicado, os capitais que se liberaram e estão flutuando pelo mundo. Esse ponto é extremamente negativo do ponto de vista da ordem de cada sociedade. Sobre o sistema produtivo se tem controle. Pode-se interferir no processo decisório. Já com relação a essa massa brutal de recursos que flutuam, não há país, não há governo, não há Banco Central, nada é capaz de controlá-la.

Tem-se hoje ao mesmo tempo um Renascimento e um sentimento romântico do século XIX, um sentimento de *malaise*. O Renascimento deu confiança ao homem. Depois, no século XVIII, o Século das Luzes, esse sentimento se reforçou. No século XIX, o romantismo trouxe o *malaise*, o mal-estar, à Byron. Nós vivemos a fusão dessas duas coisas. Temos um lado renascentista, ou iluminista, dos que acreditam na razão, e outro dos que estão angustiados. As pessoas sentem que há uma grande insegurança no mundo.

— *Produto da globalização?*
— Sim, a globalização traz essa insegurança. Mas há uma novidade. A insegurança não é só dos países em desenvolvimento, é dos desenvolvidos também.

— *A diferença é que eles não têm os miseráveis que temos.*
— Essa é a diferença. O grau de prosperidade é maior, mas o grau de incerteza é o mesmo. Porque a incerteza não vem da falta de prosperidade, e sim da forma nova da prosperidade. Mas, apesar das semelhanças, não acho que estejamos destinados a repetir a Europa. Nunca acreditei que se possa repetir a experiência de outros países.

— *A globalização não reforça a exclusão?*
— Não necessariamente. Hoje há uma espécie de refrão: globalização é igual a exclusão. Por quê? Depende do Estado, do governo, da sociedade, da capacidade interna de organizar as variáveis em jogo. Um dos fatores fundamentais da inclusão é a educação.

— *O Brasil assemelha-se aos Estados Unidos na variedade racial da população. Essa variedade, historicamente, tem ajudado ou atrapalhado nosso desenvolvimento?*

— Tem ajudado. E vai ajudar crescentemente, porque o mundo do futuro é um mundo diversificado. Globalização não é homogeneização. O que se homogeneíza é a base produtiva, mas a globalização levará ao mesmo tempo a uma valorização das diferenças, entre elas as diferenças culturais. Haverá uma valorização das formas de identidade, e uma de nossas formas de identidade nacional, a principal, é a diversidade. Haverá uma atenção maior à cultura, no sentido antropológico da palavra, e no sentido específico, de produção de música, teatro, literatura. Temos uma diferença em relação aos Estados Unidos. Também tivemos escravidão, tivemos e temos índios, mas há uma grande diferença: nós gostamos de ser misturados.

A globalização traz angústia e incerteza. A novidade é que a insegurança não é só nos países em desenvolvimento. É de todos.

— *A pergunta é: a globalização não é uma nova forma de dominação?*
— Tudo é uma nova forma de dominação. O problema é como conviver com ela, o que contrapor a ela. E a resposta é: a democracia. Ampliar a democracia, esse é o desafio que se impõe diante das novas formas da economia. A questão é como construir uma democracia mais radical. Ser progressista hoje é estar em busca da radicalização da democracia.

O que significa isso? Dar mais acesso às decisões. Tornar o Estado mais permeável. Incorporar a dimensão global, cuidar do meio ambiente. Por qualquer lado que se olhe, deve-se perguntar: como se terá bem-estar? É preciso colocar a questão da felicidade. Como as pessoas podem ser mais felizes? Não podem ser felizes com poluição, com destruição da natureza. Como se dá mais acesso à informação? Como se faz para aumentar a competição?

[...] Existem duas questões que não mencionei, que considero fundamentais numa perspectiva de radicalização democrática, portanto da nova esquerda. A violência e a corrupção. Não são temas clássicos do pensamento de esquerda. Pelo contrário, eram considerados moralismo pequeno-burguês. Hoje a violência faz parte da agenda da insegurança do mundo contemporâneo. Não há violência porque se é pobre, a violência é muito mais ampla. O tema da droga, junto com o da violência, é um tema da insegurança contemporânea que não foi politizado, e tem de ser. Politizado não no mau sentido — politizado no sentido de ir para a agenda pública.

Nosso desafio é ampliar a democracia. Ser progressista hoje é estar em busca da radicalização da democracia.

O mundo em português: um diálogo
[Diálogo entre Fernando Henrique Cardoso e Mário Soares, 1998]

MS: *Os setores progressistas não se adaptam aos novos tempos? Será que não serão capazes de perceber que a melhor maneira de poder lutar contra a globalização é aceitar a sua inevitabilidade?*
FHC: Até agora não perceberam. Acham que o governo, e eu em especial, queremos a globalização e eles não querem. Não percebem que a globalização não é um valor, é um processo que poderá ter efeitos mais negativos ou mais positivos, dependendo da nossa capacidade de reação. Continuam achando que se poderia evitar a globalização. Ora, evitar a globalização significaria voltar a uma economia autárquica, o que hoje é impensável, totalmente impensável.
[...]
Nos anos 60, escrevi esse livro sobre dependência que é o oposto do que dizem hoje que eu teria escrito. Ou seja, era uma

tentativa de dizer coisas semelhantes às que digo hoje sobre a globalização: "Não existe uma só dependência; existem formas diferentes de dependência, segundo a vinculação da componente externa com a interna. Há aí uma dinâmica, que é interna, que pode modificar o externo."

Isso é o que eu dizia, com Falleto, sobre dependência, contra outros que diziam o oposto, de uma forma algo mecânica: que a infraestrutura econômica condicionava a superestrutura política, num marxismo vulgar, e, ainda, que sem socialismo não há autonomia. Eu dizia que pode haver formas diversas de desenvolvimento.

Mais tarde, já nos anos 70, inventei um conceito a que chamei "desenvolvimento dependente associado", associado às multinacionais. A discussão, aqui no Brasil, era das relações do Estado com as empresas nacionais, multinacionais e estatais. A esquerda tradicional negava que estivesse havendo uma transformação da sociedade; eu afirmava que estava havendo uma modificação grande, formação de novas classes médias, um proletariado que crescia e que não se podia imaginar que a dependência significasse estagnação.

> Muitos não percebem que a globalização não é um valor. É um processo com efeitos mais negativos ou positivos segundo nossa capacidade de reação.

A esquerda arcaica achava que a dependência levava à estagnação e que só a revolução produziria uma modificação. Não era o meu pensamento. Essas eram as ideias-base. As ideias que difundi como ministro da Fazenda não representam uma ruptura, mas antes um *aggiornamento* do que sempre pensei.

A ideia de nação continua muito forte no meu pensamento. Só que, nas condições atuais, o empecilho é que o Estado virou burocrático e clientelista. Você hoje tem a presença do setor privado dentro do Estado, a privatização do Estado.

135

A esquerda tradicional era a favor da burguesia de Estado. A expressão "burguesia de Estado" é uma contradição nos termos. Usei-a de propósito. Não se pode ser ao mesmo tempo burguesia e Estado. Usei-a para mostrar que o Estado perdera a sua capacidade de defender o bem comum, de ser universal, passou a ser apropriado por um setor de classe, o funcionalismo, que tem a ver com as empresas estatais e que se alia ao setor produtivo local. Sempre fui contra isso e a favor da sociedade civil, a favor dos movimentos sociais.

A ideia da nação continua forte no meu pensamento. O problema é que o Estado virou burocrático e clientelista. Há uma privatização do Estado.

[...] Sempre tive essa visão de que o Brasil tinha de se integrar internamente, e externamente também, com a condição de termos um Estado capaz de reformular objetivos, que não seja um Estado fechado mas, pelo contrário, um Estado poroso, para permitir que a sociedade tenha influência nele. Essa era e é a minha visão.

[...]

MS: *Há muita gente que acredita na necessidade de criar contrapoderes em nível mundial.*

FHC: A crise de legitimidade da nova ordem mundial é visível. A incapacidade de reforma das Nações Unidas é a expressão disso mesmo. Vamos ter de partir para uma reforma que seja muito abrangente, um movimento que venha de fora para dentro. Também no plano mundial é preciso criar contrapesos, aprofundar a democracia em nível internacional.

As realidades emergentes no mundo de hoje devem participar das instituições de decisão global para que a nova ordem mundial tenha legitimidade democrática. Os Estados Unidos aparecerem como a única superpotência em nível mundial torna-os o alvo fácil de todas as críticas. Acredito que os americanos mais bem informados considerem que é útil para eles fortalecer a União Europeia, bem como o Mercosul e os países emergentes asiáticos. Nada disso será feito em detrimento dos Estados Unidos...

MS: *Pelo contrário, é para ajudar os Estados Unidos.*
FHC: E para contribuir para a paz mundial. [...] O que não podemos aceitar é que da bipolaridade da guerra fria se passe diretamente para uma hegemonia dos Estados Unidos. [...] É preciso haver uma diversificação de centros de poder e de decisão.
[...]
Mas há nisso uma contradição: esse sistema está gerando uma capacidade de acumulação financeira tão brutal que pode ameaçar o próprio sistema produtivo. Há tanto capital e tão pouca capacidade efetiva de investir para transformar o capital especulativo em capital produtivo que — para falar em termos marxistas — estamos diante de uma nova contradição. Não existe o fim da história; nada nos permite prever que o capitalismo seja eterno. Portanto, não se deve pensar em uma só ideologia, um "pensamento único". É aí que entra a crise da civilização, a questão dos valores, que entendo ser fundamental.
[...]

MS: *Não acha que esse capitalismo, que está a fugir ao controle dos próprios Estados, implica uma nova análise da situação e a busca de novos caminhos?*
FHC: Não tenho dúvidas. Queria precisar seu comentário sobre Noam Chomsky, que disse ser a globalização o novo nome do imperialismo. Não concordo, pois, com a globalização, acontece o oposto do que ocorreu na fase imperialista do capitalismo. Na fase imperialista o poder político e militar controlava os países da periferia do sistema capitalista, os países depen-

dentes, explorando recursos naturais e mão de obra. Hoje, a globalização levou a que o próprio sistema produtivo se generalize no mundo.

MS: *Mas sempre à procura de mão de obra mais barata...*
FHC: O custo da mão de obra não é hoje, porventura, o essencial. O custo da mão de obra, na área industrial, não é necessariamente mais barato no Brasil do que o custo da mão de obra na Itália. As empresas buscam outra coisa, buscam o mercado. Se o Brasil não fosse um grande mercado, elas não teriam vindo, mesmo que a mão de obra fosse barata. A mão de obra mais barata do mundo é na África e para lá não vão porque não existe mercado suficiente...

MS: *E também não têm uma mão de obra qualificada.*
FHC: É verdade, mas as coisas vão juntas. Quando se tem uma mão de obra qualificada tem-se mercado, porque tem-se enriquecimento.

Houve uma mudança depois da Segunda Guerra Mundial, que é nítida hoje. Antes, não havia investimento tecnológico nos países dependentes, o que havia era exploração de *commodities* e de plantações. Hoje há esse investimento. De alguma maneira — Marx previu isso — houve a generalização do sistema produtivo, com a globalização. Considerar a globalização semelhante ao imperialismo obscurece as diferenças entre o passado e o presente e, portanto, as possibilidades de crítica consequente à ordem emergente.

Quando países como o Brasil, o México, a Indonésia ou a China passam a ser produtores, têm melhores condições para reagir ao capitalismo

Não concordo com que a globalização seja o novo nome do imperialismo. O que ocorre hoje é o oposto do que ocorreu na fase imperialista do capitalismo. O sistema produtivo se generaliza no mundo.

externo especulativo e impositivo do que tinham no passado. Mais ainda, essa onda especulativa afeta ou pode afetar qualquer país, e não só os subdesenvolvidos.

Na fase imperialista o efeito perverso do capitalismo era mais sentido na periferia. Hoje os efeitos desarticuladores do capitalismo especulativo abalam todo o sistema.

O efeito perverso da fase imperialista do capitalismo era sentido mais diretamente nos países da periferia. Hoje, há processos que abalam todo o sistema.

A crítica aos efeitos desarticuladores e imprevisíveis desse capitalismo especulativo é generalizada mas não é anti-imperialista, é antiespeculação, anticapitalismo financeiro desligado da produção, onde quer que esteja ocorrendo o fenômeno.

MS: *Mas nós continuamos a pensar que o Estado é fundamental...*
FHC: E, por isso, somos contra esse predomínio do mercado na forma mais abstrata, de mercado financeiro puro, de mercado de derivativos, de aposta no custo futuro do dinheiro.

MS: *O problema que se põe é como organizar as defesas dos Estados contra essa irracionalidade do sistema.*
FHC: Ninguém ofereceu ainda uma saída. Não vejo solução senão no fortalecimento da nova ordem mundial em bases mais abertas, de participação de todos.

O presidente segundo o sociólogo
[Entrevista a Roberto Pompeu de Toledo, 1998]

— *O que é globalização?*
— Ontem li um artigo de jornal dizendo que a globalização não é nada mais nada menos do que a continuidade do sistema capitalista. É verdade. Quando escrevi o livro sobre dependência

e desenvolvimento, não tínhamos palavras para expressar o que estava acontecendo. Não se falava nem "multinacional", era "truste", quanto mais "globalização". Usei uma expressão que indicava o que está acontecendo: uma internacionalização dos mercados. Nesse mesmo livro, falava numa industrialização da periferia. Ora, a industrialização da periferia é trazer para os países periféricos, como o Brasil, o sistema produtivo. E quando se faz isso, modifica-se a relação entre o "interno" e o "externo".

— *O que o senhor queria dizer que não foi compreendido?*
— Não estava justificando nada, descrevia um processo objetivo do que hoje se chama "globalização". E dizia que isso provocava uma mudança nas relações sociais de produção. Criava uma classe trabalhadora, uma nova classe média, modificava a sociedade. Era uma relação diferente de vender matérias-primas e importar produtos industrializados.

Na época eu debatia com a esquerda — comunista, guevarista etc. — para a qual só haveria mudança com revolução. Dizia: "Está havendo mudança sem haver revolução. E está havendo com desenvolvimento." Nesse quadro, quais eram os laços de dependência? Eram o tecnológico e o financeiro.

— *O capital não é internacional faz muito tempo?*
— Sim, mas ficou muito mais. E trouxe consigo um fenômeno que não sei se poderia existir separadamente da globalização da produção, que é a alta especulação possibilitada pelos computadores e pela consequente virtualização do dinheiro. A riqueza virtual somou-se à globalização da produção e à interligação dos mercados. Os anos 70 e 80 não eram assim. Os bancos até deixam de ter a função principal nesse sistema, cedendo lugar aos fundos de pensão e fundos de especulação. Porque

os bancos, de certa maneira, são estruturas fixas. Têm interesses na economia produtiva, um portfólio de investimentos em empresas. O grande capital financeiro foi criticado a vida inteira. Mas o capital financeiro tradicional é benigno diante desse de hoje, perverso como jamais houve na história. Ele é talvez a explicitação, em sua forma mais acabada, de que o sistema capitalista contém um elemento de azar, de jogo, de especulação pura. Agora, o que é mais grave é que o virtual passou a comandar o real. A especulação pode acabar comandando o processo produtivo.

O mais grave é que, hoje, o virtual comanda o real. A especulação financeira pode acabar comandando o processo produtivo.

Claro, na crise clássica já se dizia isso. Joga-se na bolsa, perdem-se ativos... Mas, jogando na bolsa, estava-se jogando sobre papéis com correspondência na produção. Agora não é mais assim. Joga-se sobre apostas futuras. [...] Esse mercado, que não teria importância se não afetasse a economia real, na verdade afeta.

[...] Se eu fosse diretor da Cepal, pararia tudo para me concentrar num estudo sobre possíveis maneiras de disciplinar os novos fluxos de capital internacional e seus movimentos selvagens. O Sistema de Bretton Woods não funciona mais. O Fundo Monetário Internacional e o Banco Mundial são insuficientes para resolver os problemas.

— *O senhor diria que a própria governabilidade dos países fica comprometida?*

— No limite, o que está acontecendo, em consequência dessa globalização, é que você não tem mais autoridade, instrumentos reguladores. Isso não vai ser resolvido se não tivermos regras, aceitas internacionalmente, e não instituirmos instrumentos para fazê-las valer.

Um fantasma ronda o mundo: o dos capitais especulativos. Isso afeta a economia real e pode provocar descontrole e crise no sistema capitalista.

Pateticamente, na última reunião do Fundo Monetário Internacional a que o Brasil esteve presente, eles propuseram o oposto. A liberação plena. Acabar com todos os controles. O Brasil se opôs a isso. Cada vez que houve reunião do G-7 [o grupo dos sete principais países industrializados (Estados Unidos, Alemanha, França, Grã-Bretanha, Itália, Canadá e Japão)] mandei cartas aos presidentes e primeiros-ministros participantes, alertando para o descontrole eventual e a crise nesse sistema.

[...] Parafraseando Marx, um fantasma ronda o mundo — o fantasma dos capitais especulativos. Até que ponto isso pode provocar uma crise do capitalismo? E provocando, qual a alternativa?

— *Seu discurso, fazendo a crítica da globalização, parece o de um oposicionista.*

— A globalização não é um valor, não é algo que você queira. Existe. E precisa de controles, porque está indo para um caminho perigoso. A oposição erra ao confinar o debate ao Brasil, ou ao governo, ou ao meu governo. A crítica da globalização tem de ser global. E essa crítica faço sempre que posso. Há essa acusação ridícula, contra a qual me rebelo sempre, de "neoliberalismo". Você é a favor do neoliberalismo? A favor de quê? Da inexistência de regra? Isso não funciona. Eu quero regras.

Até há pouco, eu podia fazer uma *boutade*: "O melhor para o Brasil não é ordem nova, é desordem." Há alguns anos dei um depoimento em que dizia isso. Desordem é melhor do que uma ordem, na qual você será submetido. Mas agora não posso mais dizer isso. Tem de haver uma ordem. Isso é uma questão para o terceiro milênio. Imaginar que o governo é a favor da globalização, ou que a apoio, é idiota. Trata-se de um fato real, da estrutura do sistema produtivo.

— *Arthur Schlesinger é autor da seguinte frase: "O Estado nacional ficou pequeno demais para resolver os grandes problemas e grande demais para resolver os pequenos."*
— Bem posta a frase. Quando me perguntam: "Qual é o principal problema do Brasil?", digo sempre: "Não é aqui. O principal problema daqui não é aqui." As questões que dependem do Estado brasileiro, do nosso sistema político, por mais precário que seja, e da sociedade brasileira, temos condições de processar. [...] Agora, essa questão dos capitais selvagens surgida com a globalização, essa tem origem fora de nossas fronteiras. É um problema que não posso resolver sozinho.

[...]

— *Essa questão da globalização é um dos pontos em torno dos quais a esquerda implica com seu governo...*
— A esquerda, ou essa parte da esquerda, confunde processo histórico com escolhas políticas. A globalização não é algo para você ser contra ou a favor. Ela existe, simplesmente.

Tenho falado sempre em aspectos do sistema que estão errados, tenho apelado por regras que o disciplinem. Portanto, há muita coisa com a qual não concordo. Mas e daí? O sistema é esse. Não tem outro. O que tenho de fazer, como governo, é, diante dessa realidade, ver de que forma posso melhor tirar proveito e de que forma posso melhor preservar os interesses do meu país. Eles confundem isso com a ideia de que apoiamos a globalização.

A esquerda confunde processo histórico com escolhas políticas. A globalização é um fato. Tem muita coisa que está errada. Precisamos de regras que a disciplinem.

— [...] se a esquerda estivesse no seu lugar, o que faria?
— Não ficaria no poder, ou mudaria.

[...]

— Sua proposta de estabelecer regras não é a repetição de uma reivindicação de mais de 20 anos no sentido de uma ordem internacional mais favorável ao mundo em desenvolvimento?
— Não estou pensando no mundo em desenvolvimento. Esse capitalismo especulativo pode danificar o próprio centro do sistema. É claro que os países mais frágeis sofrem mais, mas veja o Japão, ele não está imune. Os Estados Unidos estão numa situação de muita prosperidade, mas podem vir a ter problemas também. Acho o seguinte: o mundo ocidental pós-Segunda Guerra Mundial e, sobretudo, pós-Muro de Berlim ficou tão próspero que imagina que essa prosperidade é infinita.

A catástrofe não é inevitável. Mas a prosperidade também não é permanente. Porque o sistema é irracional. O que não se vê é o que colocar no lugar.

Não tenho a visão do século XIX e começo do século XX, de que a crise é inevitável — a catástrofe seria inevitável. Mas, entre não pensar que a catástrofe é inevitável e imaginar que a prosperidade é permanente, vai uma distância. A prosperidade não é permanente. E por que não? Porque o sistema é irracional. Ou seja, os fundamentos da crítica ao capitalismo, como um sistema irracional, são válidos. O que não se vê é o que colocar em seu lugar. Não dá para o sistema funcionar sem regras.

— Essa sua visão não é um pouco fatalista? Não sugere que nada nos resta fazer senão aguardar um novo arranjo internacional?
— Quando analiso essa questão da globalização, não o faço diferentemente de quando analisava a questão da dependência.

O que eu dizia é que existem fatores universais, que condicionam os comportamentos de maneira universal, mas existem também fatores específicos, locais. A dinâmica da história não se dá pela imposição dos universais sobre os locais, nem com a explosão dos universais, que se contrapõem aos locais. Existem formas de inter-relação.

No caso atual, da globalização, é a mesma coisa. Existem fatores que são de homogeneização global, e um deles foi essa crise das bolsas, com origem na Ásia. Mas esses fatores não obrigam, de maneira taxativa, a uma linha determinada de ação. Há variantes, e quanto mais você for capaz de organizá-las a seu favor, mais poderá tirar vantagens da situação.

— *A globalização não seria então um novo nome para o velho imperialismo, como alegam setores da esquerda?*
— Qual era a questão do imperialismo? A ideia era que havia dois tipos de países. Um que tinha capacidade, pela força, de impor suas regras, e que, no limite, fazia colônias, e outro que, dominado, não tinha função senão abastecer de matérias-primas e produtos primários o país central. Esse tinha o monopólio da industrialização e da agregação de valor.

O imperialismo era então sinônimo de não desenvolvimento. Daí os livros publicados sobre estagnação, ou sobre a necessidade de revolução. Não se tinha alternativa, dentro da estrutura do mundo imperialista, em que ficavam mão de obra e matéria-prima de um lado, e tecnologia e poder de outro. Tendo em vista que, com a globalização, e aliás antes mesmo de se falar em globalização, capitais se deslocam para a periferia, temos um quadro diferente desse do imperialismo.

O imperialismo era sinônimo de ausência de desenvolvimento. Hoje a situação é diferente. Há um grau de liberdade maior do que no passado.

145

— Mas hoje não temos duas classes de países?
— É diferente. Se se pega a Europa do século XIX e a de hoje, a diferença é brutal. Há o avanço do Sudeste da Ásia, da China. Há os países emergentes. Não há o mesmo quadro, e por isso não estamos repetindo a mesma história. Você pode dizer que há dominação, e há, mas é outro tipo de dominação, com outras consequências, e a formação de outras camadas sociais. Há possibilidades de outros tipos de acumulação e um grau de liberdade maior. Há hoje um grau de liberdade maior do que no passado. Temos mais liberdade, no Brasil, do que nos anos 30, 40 ou 50.

— O senhor está se referindo ao grau da liberdade do país, em suas possibilidades de ação, ou das pessoas?
— Há um grau de liberdade maior do país e das pessoas, mas estou me referindo ao do país. Não está havendo a repetição da história, com outra linguagem. Os fenômenos são diferentes, e é diferente a natureza das relações sociais, das relações econômicas e das relações políticas que surgem em consequência.

O pensamento global de FHC
[Entrevista a Jorge Caldeira, Luiz Felipe D'Avila e Reinaldo Azevedo, *República*, 2000]

— *Esses protestos internacionais deixam claro que há um avanço nas relações econômicas, que se globalizam, mas denunciam a ausência de mecanismos internacionais de regulação da economia mundializada. Esse não é um cenário que, a médio prazo, favorece um recrudescimento do autoritarismo no mundo, na medida em que não há contrapesos, na forma de regulação e controle, para a globalização?*

— Quando terminou a Segunda Guerra Mundial, foi feita uma divisão do mundo à moda tradicional dos que venceram. Depois, alguns dos derrotados cresceram muito: Alemanha, Japão e Itália começaram a reclamar participação. Até hoje, não têm assento no Conselho de Segurança. Depois, houve a queda do Muro de Berlim, o mundo estava bipolar e, enquanto bipolar, tinha uma espécie de legitimidade esdrúxula, porque legitimidade em nome do caos. Era o outro lado. Acabou o outro lado. Então, não há mais essa legitimidade. [...]

— *A economia está globalizada não é de hoje...*
— O que é essa globalização de que se fala tanto? Não se trata apenas de ter a produção industrial dispersa no mundo. Isso o imperialismo já assegurava, com o desenvolvimento de certos setores da indústria na periferia do sistema. O fenômeno que interessa é o de uma modificação tecnológica brutal, que terminou com a diferença de tempo e espaço. E isso teve um impacto tremendo no sistema financeiro.

A globalização acabou com a diferença de tempo e espaço. Estamos entrando numa nova etapa, uma era pós-imperialista, em que o mercado tende a dispensar o Estado.

Estamos entrando agora na era pós-imperialista. O que não quer dizer que não haja predomínio de uma nação. Mas o predomínio do Estados Unidos não se dá mais por meio do Estado. O imperialismo é o Estado, a ordem política usada como ponta de lança do mercado. Agora, o mercado está dispensando o Estado, ou quase dispensando o Estado. Na ordem global atual os governos têm peso muito menor na história, o que inclui o governo americano. É uma nova etapa.

— *Sem meios de controle democrático. Com o risco claro de uma situação autoritária.*

— Por outro lado, isso suscita uma sociedade muito mais ativa também. Sem meios tradicionais de controle, sem sistema de representação, mas com a possibilidade de haver uma opinião pública em escala universal.

— *Não existe também no Brasil um medo da globalização e...*
— Existe.

— *...a ideia de que quem vem de fora vai nos desestruturar, de que não temos capacidade de resistir ou manter a espinha dorsal do país num mundo aberto?*
— Mas esse é o medo que pega a elite, não pega o povo. Olha aqui, uma vez eu e o Lula estivemos conversando, bem lá atrás, quando se estava fundando o PT. Fosse alguém propor a desapropriação da Volkswagen, porque era estrangeira, ao operário do ABC. Ele não queria. Porque ganhava melhor na Volkswagen do que nas empresas brasileiras. Esse medo do internacional, do ponto de vista econômico, é o medo da elite. E mais da elite política do que propriamente da elite empresarial: é Brizola, é Itamar...

— *Também do empresariado, não?*
— Também.

— *Muitos perderam suas empresas.*
— Isso é verdade.

— *Está faltando um choque de capitalismo no empresariado?*
— Não, de globalização.

— *O sr. acha que os novos empresários vão conseguir vencer um certo alinhamento hoje existente entre a fisiologia política, o corporativismo e os* trusts *econômicos?*

— [...] Somos uma sociedade que se organizou com o aporte do Estado. Eu enfrento resistências hoje. Mas será que eu estou acabando com o Estado? Pelo contrário, estou transformando o Estado para ele ser apto a lidar com uma sociedade mais dinâmica. A questão hoje é basicamente financeira. O gargalo que nós temos agora é interno. Não é mais essa bobagem da dívida interna, isso é ver a economia pela rama. A questão é criar um mercado de capitais mais adequado.

O medo da globalização é da elite. Mais da elite política do que da empresarial. Não pega o povo.

— *Mas é preciso também um choque de confiança.*
— Aí entra um outro fenômeno. [...] Gosto de citar sempre um ensaio do Albert Hirschman sobre os obstáculos do desenvolvimento. [...] Nós, no Brasil, hoje, passamos por um momento em que há certa poeira obscurecendo a visão de certas pessoas. Há quem ache que está tudo indo para trás, quando tudo está indo para frente. E não é neste governo. Historicamente, estamos indo para a frente, com todas as dificuldades.

— *Que espécie de conforto o pessimismo traz?*
— O pessimismo no passado era apanágio da direita, não é isso? A direita era pessimista e a esquerda era iluminada, progressista, acreditava no progresso e tal. Agora, quando deu essa confusão no mundo, a esquerda não tem mais ao que se agarrar, porque não tem mais a União Soviética como farol, e se agarra ao pessimismo. Aí ficamos com uma direita e uma esquerda pessimistas. É terrível. [...] Já somos um país importante, com recursos. Não precisamos temer tudo.

— *Como é que nós podemos trazer um pouco dessa agilidade, digamos anglo-saxônica, para as nossas transformações internas?*

— Vejamos Portugal ou Espanha, onde temos nossas raízes. Conheci os dois ainda pobres e atrasados. Em 20 anos, mudou quase tudo. Houve uma discussão imensa no tempo do Mário Soares em Portugal. Ele era acusado de ser agente do capital financeiro internacional, agente da CIA, porque era europeizante. E um certo tipo de esquerda que tinha seus generais, coronéis, queria que Portugal fosse uma espécie de ponta de lança do Terceiro Mundo na Europa. Venceu o ponto de vista europeizante. Portugal se integrou à União Europeia e aquilo teve um efeito tremendo. Na Espanha, foi Felipe González, também acusado de tudo isso, quem operou as mudanças. Brigou com os sindicatos, mas mudou a Espanha. Os dois são socialistas, mas não são tapados para os ruídos do mundo.

A esquerda não tem mais em que se agarrar, não tem mais a União Soviética, e se agarra ao pessimismo. Já somos um país importante. Não precisamos ter medo de tudo.

— *No Brasil, como isso seria feito?*
— Não temos a possibilidade de entrar na Europa. Se nós entrarmos na Alca de repente, podemos ter um solavanco que não tem tamanho. Definimos uma política de integração progressiva: Mercosul, América do Sul. Isso não tem um influxo suficiente, porque estamos no mesmo universo, que não é estimulante desse ponto de vista. Acho que vamos ter de entrar mais firmemente numa triangulação ou mesmo quadrangulação: a Europa, por meio do Mercosul, os Estados Unidos e a Ásia. E Ásia não é só o Japão, não. Entra a China também. Ou nós entramos no grande jogo, e isso dá solavancos, alguns perdem aqui e vão dizer que estamos desnacionalizando a indústria, que está havendo uma abertura excessiva, ou nós não vamos sair do lugar.

— *Esse G20 é uma possibilidade?*
— Conversei muito com o Clinton em Camp David. Ele já me havia dito: "Vamos fazer". Há um mundo hoje em que há a ONU, o G7, agora G8, que são os ricos. Mas isso é um diretório pequeno demais, não leva em consideração uma série de outras regiões importantes. Temos de participar mais ativamente desse processo. Acho que o Brasil ou tem uma política mais agressiva, uma presença mais efetiva, ou fica sem condições efetivas de existir como uma nação próspera.

Por um Plano Real na política
[Entrevista a David Friedlander e Guilherme Evelin. *Época*, 7 de agosto de 2006]

— *O sociólogo Francisco de Oliveira deu uma entrevista recente em que lamentou o fato de a política ter se tornado irrelevante. Ele está certo?*
— Quando ele diz que a política é irrelevante, tem no horizonte a revolução. Política para ele é tomar decisões que mudem a estrutura de poder. Nesse sentido, ele tem razão. Hoje você não tem no contexto atual uma revolução social. Para surpresa de todos nós, educados com a ideia da revolução e do conflito de classes, hoje o conflito é religioso ou nacionalista. E o capitalismo não vai mudar num horizonte previsível de tempo. Se você quiser dar murro em ponta de faca, pode dar à vontade, mas sua mão vai ficar machucada. A faca não vai entortar por isso.

— *A globalização não diminuiu o poder de manobra dos governos?*
— Acho que é o contrário. Você acha que o centro das decisões era maior no Brasil no passado? Isso é mitologia. Como você era desconectado, pensava que era livre. Mas não era. Era irrelevante. Tinha muito menos possibilidade de fazer alguma coisa.

Esperança e futuro

Só estou interessado no novo, o que está acontecendo. Não tenho paciência para o que eu já sei. Quero saber o que vem por aí.

Sou racional com uma pitada de candomblé. Somos morenos, culturalmente pertencemos ao Extremo Ocidente, mas somos ocidentais. Nossa relação com o resto do mundo não é nem autóctone nem autárquica. Não somos a reprodução passiva do que acontece lá fora. Refazemos o que trazemos de fora. Nesse ir e vir, recriamos o "externo" e podemos influenciar o "lá de fora".

Não há o inevitável nem o predestinado na História. Ela sempre surpreende. Quando se espera que aconteça o inevitável, acontece o inesperado.

Chega de retórica
[Entrevista a Geraldo Hasse. *Veja*, 3 de agosto de 1977]

— *Qual o papel do intelectual na sociedade brasileira de hoje?*
— Existe uma função em que a política é até certo ponto pedagogia. Ou que a pedagogia é política. É isso que os intelectuais precisam fazer: acostumar os poderosos e também os destituídos de poder a certo tipo de discurso. O intelectual tem de ousar, enfrentar certas questões. Sem provocação: não há intelectual que não faça um pouco de subversão, no sentido de que altera a ordem das coisas.

— *Mas os intelectuais têm falado. Não podem ficar falando, por décadas, sem alterar nada?*
— Tem faltado na nossa pedagogia uma direção popular. Pedagogia no duplo sentido, ensinar e aprender. Sem demagogia: quem faz pesquisa, como eu, vê o quanto não sabe.

— *O intelectual não entende o povo e fala por ele?*
— Tenho muita irritação com um radicalismo ideológico que anda por aí. Substitui-se a realidade por um modelo de solução, ignorando a correlação de forças. Quem pensa assim se comporta como membro da elite. Pensa que sabe o que deve ser feito e não ouve nada. Na hora de pagar o pato, não são os verbalmente radicais que pagam. O que conseguem fazer é frear a capacidade real de você caminhar. Há setores da esquerda brasileira que continuam vivendo entre fevereiro e outubro de 1917. Não havendo um Palácio de Inverno para tomar, como em 1917, nada se faz. Essa gente tenta aplicar chavões e pala-

O intelectual tem de ousar. Não há intelectual que não faça subversão, no sentido de alterar a ordem das coisas.

155

Há setores da esquerda brasileira que continuam vivendo entre fevereiro e outubro de 1917. O radicalismo ideológico substitui a realidade por um modelo de solução, ignorando a correlação de forças. O resultado é frear a capacidade de caminhar.

vras de ordem gastas, que não correspondem a uma prática social real.

— *E o que é uma prática social real para o intelectual?*

— O intelectual não pode pensar que ele comanda, que vai dar a palavra de ordem. Tenho uma visão mais modesta da função do intelectual. O que ele pode fazer é articular o debate, fazer aflorar aquilo que está na sociedade. E, se tiver uma vocação realmente democrática, não vai manipular. Vai usar construtivamente essa possibilidade.

O impacto da globalização nos países em desenvolvimento: riscos e oportunidades
[Conferência na Cidade do México, 20 de fevereiro de 1996]

Estamos vivendo transformações que reorganizarão a política e a economia do próximo século. A tarefa de dar sentido humano ao desenvolvimento, na era da globalização, tornou-se um grande desafio, porque temos de lidar não apenas com uma realidade radicalmente nova, mas principalmente com o vazio ético que a idolatria do mercado gerou e que o fim das utopias revolucionárias acirrou.

Se, com a globalização, a economia passa a condicionar o universo da produção e da gestão, o mesmo não se aplica ao universo dos valores. É preciso separar os fatos concretos acarretados pela globalização de uma pseudoideologia que se está construindo em torno do fenômeno, com matizes que vão da pregação acrítica e celebratória das "virtudes" do sistema em gestação à afirmação da inevitabilidade da perda de relevância dos Estados nacionais.

Nesse sentido, precisamos refletir sobre como a globalização, que sinaliza uma era de prosperidade sem igual na história do Homem — um novo Renascimento, como tenho afirmado — pode ser orientada para atender à demanda por equidade clamada por 4/5 da humanidade que padecem sob os efeitos da miséria e da doença. Como reinventar o sentido de comunidade no plano internacional, para evitar a exclusão social e a marginalização? Como reforçar a responsabilidade social das elites culturais e econômicas?

Essa última indagação sobre a responsabilidade social — e para alguns a responsabilidade nacional — das elites merece, a meu juízo, uma reflexão um tanto mais detida. Independentemente da "democratização" do capital, e até por sua causa, a mecânica de reprodução das elites se robusteceu. Mas, ao mesmo tempo, as elites passam a se fechar na defesa de seus interesses mais particulares e mesquinhos, o que ameaça não apenas a ideia de democracia, mas também o próprio conceito de nação. Essa irresponsabilidade das elites gera uma exacerbação do individualismo e uma cultura de conflito que não pode se sustentar.

> Como reinventar o sentido de comunidade para evitar a exclusão social? Ética da solidariedade, redefinição de valores nacionais e luta contra a desigualdade são ideais que só a política, como arte de construção de consensos, pode equacionar.

Como fazer para reavivar essa responsabilidade social das elites é um dos grandes desafios de nosso tempo. O apelo por uma ética da solidariedade, a redefinição de valores nacionais e, principalmente, a luta contra a desigualdade, que as elites encararam hoje como algo natural e até aceitável, são ideais que só a política, enquanto arte de construção de consensos, pode equacionar.

Tenho a convicção de que os países em desenvolvimento podem contribuir, talvez até mais do que as nações desenvolvidas, nessa passagem conceitual do domínio da economia para o mundo dos valores. Porque nós, mais do que nunca, temos de exercer nossa capacidade criadora para responder, a um só tempo, aos desafios da nova realidade e à superação do legado social que nos pune e envergonha.

Quais os agentes da construção do futuro? Dar sentido humano ao progresso é um exercício coletivo, disperso, composto de utopias parciais. Nenhuma classe detém o monopólio da demanda por equidade.

Não se trata de retomar aos ideais do passado, realimentando utopias que já não explicam o mundo contemporâneo e tampouco se coadunam com a prevalência dos valores democráticos e da economia de mercado. A solução dos problemas contemporâneos ultrapassa as fronteiras nacionais e demanda a mobilização universal.

Central, no quadro de reflexões que procurei esboçar nesta conferência, é a indefinição que prevalece, nos dias de hoje, sobre quais seriam os agentes sociais da construção do futuro. Não creio mais ser possível identificar uma classe social específica com esse papel de timoneiro da nação rumo ao desenvolvimento, em meio ao turbilhão da mudança.

Dar sentido humano ao progresso, reforçando-se a ética da solidariedade, tanto na dimensão nacional como internacional, passou a ser crescentemente um exercício coletivo, disperso, fragmentário, num verdadeiro composto de utopias parciais. Nenhuma classe ou grupo social detém, hoje, o monopólio na demanda por equidade.

Exatamente por isso — volto a insistir — é que precisamos revitalizar os valores essenciais do humanismo, da razão sábia, da tolerância. Esses são, por excelência, os balizadores da legitimidade moderna. É necessário um engajamento real do governo e da sociedade contra a corrente do individualismo exacerbado e niilista, que conspira contra a própria noção de identidade nacional.

Os governantes, os intelectuais, os líderes da sociedade civil têm um papel decisivo a desempenhar para que o novo Renascimento possa florescer em toda a sua força transformadora da História.

As razões do presidente
[Entrevista a Roberto Pompeu de Toledo, *Veja*, 10 de setembro de 1997]

— *Imaginemos que estamos em 7 de setembro de 2007, daqui a dez anos. Que Brasil é esse?*
— É um outro país. Porque começou a se mover já há algum tempo. A grande novidade no Brasil não é o governo nem o Estado. É a sociedade. A força dinâmica que nos levará, daqui a dez anos, a ser outro Brasil é o povo, a população, a própria sociedade pela maneira como se desenvolve. Além disso está em curso um processo de reestruturação no governo e na economia que já começa a apontar para a irreversibilidade.

— *A sociedade mudou como? Para onde?*
— Quando estávamos no regime autoritário havia um debate entre as oposições. Uns achavam que era preciso preparar as organizações políticas para quebrar o Estado. Outros, como eu, acreditavam que isso não funcionaria. O que estava acontecendo era uma mutação, que tinha como raiz a sociedade e aca-

baria por alcançar o próprio autoritarismo. O que deu dinamismo ao processo foi a própria sociedade. Outro exemplo tivemos na campanha das diretas já e outro ainda no *impeachment* do Collor. A sociedade, o povo, a parte da população que está organizada sabe como se mover. E a que não está começa a ter peso também. Foi ela que se colocou na dianteira das grandes mudanças nas últimas décadas.

A grande novidade no Brasil não é o governo. É a sociedade. Foi a sociedade em mutação que acabou com o autoritarismo. Minha visão do futuro é otimista: o Brasil tem capacidade de se integrar sem se desintegrar.

— E hoje?

— Como se muda a sociedade? As pessoas têm uma visão mecânica do processo. A mudança se daria sempre da mesma forma: a quebra de uma ordem para criar outra. Não é assim. Às vezes está ocorrendo uma mudança e nem se percebe. Quando se está mudando, convivem o velho e o novo. E nem tudo que é velho é ruim ou que é novo é bom. Ver as coisas desse jeito é um defeito fundamentalista. Há avanços e resistências tanto na parte nova quanto na velha. As sociedades contemporâneas são muito menos rígidas em sua estruturação.

— *O sr. diz que o Brasil, daqui a dez anos, será outro. Mas será melhor?*

— Para mim esse novo país certamente terá maior capacidade de integração, ou seja, menos exclusão. Será um país mais democrático, não no sentido da democracia que já conquistamos, mas de novos fatores de democracia, mais canais de expressão da sociedade, uma sociedade mais permeabilizada, e também agências de decisão mais dispersas. Por causa da força da nossa economia e de nossas potencialidades físicas e naturais, temos a possibilidade de ser um país capaz de se integrar sem se desintegrar. Minha visão do país, daqui a uma década, é extremamente otimista: mais democracia, mais inclusão e maior capacidade de tirar proveito das condições naturais e das oportunidades.

— *Considerados estes 175 anos de independência, o desempenho do Brasil foi satisfatório?*

— Em termos objetivos, sim. Talvez só o Japão tenha se transformado e crescido tanto nesse período. Em termos de integração social certamente não, de inclusão, de igualdade, certamente não. Nesse ponto, a esquerda volta a ter função e força. Num país com o grau de desigualdade do Brasil, uma esquerda é necessária, desde que seja moderna, que faça avançar. Porque o valor da solidariedade é indispensável.

É interessante como a palavra "comunidade" passou a ser usada amplamente. Passou a se valorizar no mundo contemporâneo o passar juntos pela mesma experiência. Se passaram juntos têm algo em comum, estão em comunidade, isso dá liame, junta. Esse estar junto é um valor de esquerda. O conservador não quer estar junto. O conservador resolve sozinho. Não dialoga, não participa da mesma experiência. Há muita coisa nova para ser reivindicada como valor de progresso. Cabe muita coisa, até um novo humanismo. O mundo da globalização é ao mesmo tempo essa confusão do dinheiro internacional, da homogeneização da produção, da fragmentação — e um mundo que coloca de novo a humanidade como sujeito, porque traz à tona questões que afetam a todos.

Solidariedade e comunidade são valores indispensáveis. O mundo da globalização leva à fragmentação, mas coloca a humanidade como sujeito.

Creio na conversa e na possibilidade de mudar
[Entrevista a Judith Patarra. *Nova*, nº 98, 1982]

— *Entre tudo o que o sr. já aprendeu na vida, qual a lição mais importante?*
— Que as coisas são difíceis, exigindo certa humildade, não total, e perseverança com tolerância para mudar com esperança. As coisas que mais atrapalham são a intolerância, o dogmatismo, a presunção de quem acha que tem o monopólio da moral, ou a falta de generosidade daquele que é intelectualmente superior e disso se aproveita para acachapar o outro.

— *O sr., por formação, é um "inventor de sociedades". Como seria a sua nova sociedade brasileira?*
— Creio que nossa sociedade está cansada da fórmula do econômico-social. Falta uma dimensão estética, quase psicológica. Então, pronto, está aí a sociedade que eu inventaria: igualdade com soltura, liberdade no plano pessoal.

Agenda para o século XXI: a utopia viável
[Presidência da República, 1995]

Foram muitas as contribuições de Marx para entender a realidade do capitalismo. Mas, talvez, sua mais profunda contribuição teórica tenha sido a de ligar o processo de transformação social a uma proposta ética, de caráter profundamente igualitário.

Quando o socialismo se converte, porém, em forma ideológica de regimes políticos, a compreensão dialética da realidade se perde. Sabemos que o defeito do socialismo real — e a causa de seu fracasso — adveio da incapacidade que tiveram os regimes de, ao mesmo tempo, crescer de forma sustentada e corresponder aos ideais de igualdade.

Falhou o crescimento econômico porque não se compreendeu a tempo que um ingrediente necessário para o desenvolvimento era a liberdade, a circulação desimpedida de ideias e informações. Falharam os valores, os objetivos éticos, porque os ideais se enrijeceram, perderam vitalidade, levaram ao enfraquecimento da legitimidade dos regimes, tanto porque se criavam novas modalidades de desigualdade (dentro dos Estados socialistas e entre eles) quanto porque a liberdade individual foi subestimada como um valor em si, necessário e imprescindível para a afirmação dos cidadãos.

Por seu turno, se as soluções ideológicas liberais não se revestiram da coerência que o socialismo tinha em seu ponto de partida, ganharam consistência ao longo do tempo. A economia de mercado revelou-se ainda mais maleável. Seu dinamismo, de resto previsto por Marx, foi notável, sobretudo porque encontrou as condições políticas do progresso, dadas essencialmente pelos regimes democráticos. Diferentemente do socialismo, as economias de mercado admitem soluções diferenciadas de ética social.

Mais claramente: o mercado apresenta, por si só, exigências políticas, como a da liberdade individual, mas não gera

Corremos o risco de esperar do mercado o que ele não é capaz de oferecer: modelos de convivência. Se o mercado reinar absoluto, haverá um sentimento de profundo desamparo.

automaticamente modelos uniformes de convivência social. Daí a distância entre os modelos social-democrata e neoliberal, dentro do mesmo marco da economia de mercado. O espaço de escolha para estruturar soluções sociais é amplo, e quando falamos em escolha falamos em valores, em orientação ética.

Esse contraste entre o fracasso do socialismo real e as variedades do "capitalismo real" ainda está muito vivo, e acredito que nem todas as suas lições tenham sido aprendidas, como forma de orientar nosso comportamento diante dos desafios do século XXI. Na medida em que as soluções ditadas pela lógica do mercado aparecem como vitoriosas e ideologicamente hegemônicas, corremos o risco de atribuir ao mercado algo que ele não é capaz de oferecer: a capacidade de gerar modelos de convivência, de orientação política.

Desenraizar a economia do social é reduzir a ação política à arte de "preservar" as potencialidades do mercado.

Em outras palavras, ao querer atribuir ao mercado virtudes que ele não tem, podemos cair no erro de desenraizar a economia do social e, o que é mais grave, de reduzir a ação política à arte de "preservar" as potencialidades do mercado.

Por que falo agora de um "novo Renascimento"? O Renascimento teve múltiplos significados filosóficos e históricos. Um dos fundamentais foi o de dar aos indivíduos a noção de que eles poderiam controlar o seu destino. O homem da Renascença passou a se sentir, por um lado, desamparado, pois lhe faltava a certeza das hierarquias e da axiologia criadas pela religião; por outro lado, contudo, passou a se sentir mais forte, porque, afinal, era mestre de seu destino.

Todos reconhecem que, na difusão científica e tecnológica, acoplada pela expansão infinita nas formas de comunicação, está o cerne do processo contemporâneo de transformação. Estamos confrontados com uma era de descobertas e avanços que geram forças poderosas de transformação social e econômica. A rapidez e a novidade das ofertas tecnológicas geram uma forma de "deslumbramento" com os poderes não só da tecnologia, mas também do mercado. Podemos muito. Mas o que fazer para que esses conhecimentos sirvam à humanidade e não sejam fatores de diferenciação crescente?

Um dos riscos que corremos é justamente o de transferir a "responsabilidade" de criar e de adaptar-se aos novos tempos para a impessoalidade do mercado. Conhecemos as vantagens do mercado como gerador de riqueza e criatividade. Sabemos, também, que o mercado se ampara em determinados valores, como o das liberdades, mas que são insuficientes para dar pautas de convivência social diante de forças que criamos e não sabemos controlar. E a ideia de "alienação" (no sentido marxista do termo) voltaria.

A ausência de um debate mais dialético sobre os objetivos do mercado e da liberdade pode resultar em que eles percam as virtudes mobilizadoras que tinham e levar em sua esteira a uma crise de valores. De fato, faltam agora não mais as certezas religiosas, mas sim as certezas ideológicas que, bem ou mal, nos davam, pela vertente do socialismo, os impulsos éticos de transformação. A existência de um modelo alternativo de sociedade, por seu turno, levava a economia de mercado a atitudes defensivas que geravam movimentos de transformação e aperfeiçoamento.

Em suma: o homem vive possibilidades "renascentistas", uma nova liberdade de reinventar modelos de convivência.

Na falta de certezas religiosas e ideológicas, nosso desafio é "renascentista": a liberdade de reinventar modelos de convivência.

Outro fenômeno contemporâneo, também engendrado pelo progresso tecnológico, e que reforça a tese do "novo Renascimento", é o da globalização, que produz nova consciência das dimensões do mundo. Os acontecimentos, em qualquer parte, afetam a vida de todos, em todos os seus aspectos.

O Renascimento estabeleceu o indivíduo como sujeito e, com a própria reversão das formas religiosas de interferência na política, deixou aberto o terreno para a definição de um novo modelo de organização social, o Estado soberano. Agora, o avanço da globalização desenha a "humanidade como novo sujeito" e, de uma certa forma, o próprio Estado é obrigado a se adaptar a novas circunstâncias. Essa noção impactante de "comunidade global" está alterando nossa cosmovisão e, em consequência, a dos próprios governantes, que já não podem encarar os problemas a partir de uma ótica meramente nacional.

No mundo de hoje não há mais um conflito central, unificador. Os processos são complexos e os problemas pedem a participação de todos.

A solidariedade torna-se uma exigência que não decorre apenas da consciência ética dos povos. As grandes conferências das Nações Unidas, ao lidar com temas como meio ambiente, direitos humanos, população, mulher, problemas urbanos, desenvolvimento social, revelam claramente que o mundo da política e, portanto, dos conflitos e contradições não está mais contido nos limites nacionais.

Porém, o resultado desse processo não é simples. Se a nova agenda é universal pela temática, não o será, como, por exemplo, durante a Guerra Fria, por haver um tema mobilizador que a organize. Não existe, como propunha Marx, um conflito central, unificador, de caráter transnacional. Os processos serão necessariamente complexos.

Temos, porém, uma vantagem sobre a mundialização renascentista. Essa veio marcada pela diferença, pela ideologia da superioridade civilizacional ou hierarquizações culturais do Ocidente. Hoje, depois de a antropologia ter desmistificado as superioridades, a globalização deixa claro que efetivamente os problemas são de todos. As responsabilidades "nacionais" pelas soluções podem ainda ser diferenciadas, mas a consciência de que os problemas têm um novo sujeito, a Humanidade, e que pedem a participação de todos é um ganho indiscutível.

Uma clara expressão institucional dessa tendência é o esgotamento do Estado nacional como provedor de soluções para as questões econômicas e sociais. A importância dos chamados novos atores — sejam ONGs ou organismos multilaterais — soma-se ao reconhecimento, pelos próprios Estados, de que são necessárias soluções institucionais inovadoras para os desafios do presente.

Assim, não é só o sentimento de desamparo que marca a entrada do século XXI. A analogia com o Renascimento vale porque estamos diante de oportunidades únicas de transformações positivas para a humanidade, que nos livrem da "escuridão". A capacidade de criar riqueza que nos proporciona o avanço tecnológico é incrível, quase ilimitada.

Sabemos hoje, com clareza, contudo, que o progresso, o crescimento econômico, é insuficiente e vazio se não estiver orientado por valores, como o respeito aos direitos humanos, a ecologia, a melhor distribuição da riqueza. Conceitualmente, diria que estamos preparados para dar um salto qualitativo, em termos de um dos problemas centrais da humanidade, que é o da justiça social. O que nos falta, porém, é o controle das artes políticas para estabelecer formas equitativas de crescimento.

Teríamos de reformular Marx e indagar se o progresso das formas de justiça social estaria entravado por modalidades ultrapassadas de apropriação da riqueza? Como compatibilizar, do ponto de vista da ação dos governantes, um modelo econômico que é essencialmente concentrador de renda, dado que as formas de produção são cada vez mais intensivas de capital, com políticas sociais de efeitos compensatórios? Como equacionar o problema do desemprego estrutural, que decorre da mudança do ciclo tecnológico?

Passada a experiência do socialismo real, sabemos que não será por intermédio de uma transformação radical do sistema de propriedade que ganharemos em eficiência e equidade. Até porque a propriedade privada em parte se democratizou e se pulverizou com a presença cada vez maior dos fundos privados de pensão como investidores. Sabemos também que não haverá uma via exclusiva para transformações radicais e definitivas, como queria o marxismo clássico. O projeto de transformação pela via revolucionária, pode-se afirmar sem receios, está perempto.

O progresso econômico é vazio se não estiver orientado por valores. Não há uma via exclusiva para transformações radicais e definitivas. O projeto de transformação pela via revolucionária está perempto.

Estamos, assim, diante de dois desafios. O primeiro fica no plano dos ideais, dos valores: que sociedade queremos e quais são as possibilidades de aproximação igualitária entre os grupos sociais e as nações? O segundo fica no plano concreto das transformações: como canalizar o potencial de criação de riqueza do novo ciclo tecnológico para a geração de mais justiça social?

Os ideais de transformação estão sendo definidos negativamente, ou melhor, como contraponto aos problemas visíveis que o mundo moderno engendrou. Queremos crescimento compatível com o aumento de emprego e progresso que signifique equidade; queremos que as preocupações com os direitos humanos e com o meio ambiente sejam respeitadas; queremos um sistema internacional mais estável, maior conteúdo de representatividade no processo decisório; queremos, ainda, maior previsibilidade com relação ao futuro; queremos que as minorias não sejam excluídas; e assim por diante.

Sabemos, porém, que o problema central é conseguir que

esses ideais ganhem capacidade de mobilização. Que não fiquem como referências éticas distantes ou meramente retóricas.

Exatamente porque esses ideais não se incorporam imediatamente à luta de uma classe "universal", como no modelo marxista, o seu peso, como ativo mobilizador, é tênue. Assim, da mesma forma que existe uma fragmentação de objetivos, existe também uma fragmentação de modos de atuação. Esse é um parâmetro fundamental para os governantes que assumiram o compromisso ético de levar os seus povos a um terceiro milênio mais justo.

[...] Reafirmo minha convicção de otimismo com relação ao futuro: está ao alcance de nossas mãos usar o extraordinário potencial da ciência e da tecnologia contemporâneas para levar a cabo mudanças estruturais em nossas sociedades, de forma a fomentar a solidariedade entre povos e nações e a fixar os alicerces de um mundo mais justo e próspero. Com a coragem e a visão que nortearam os homens do Renascimento, poderemos ter êxito na consolidação de um mundo melhor, mais justo do que aquele em que nos foi dado viver.

A crise e as opções nacionais
[Discurso no Senado, 1988]

O que mais angustia hoje o Brasil em termos do seu futuro? O que subordina tudo o mais? A angústia maior deriva da postergação cansativa e já insuportável sobre como nos integraremos no mundo contemporâneo (que já está moldando o futuro) e que tipo de sociedade construiremos.

[...]

Não se trata apenas de desenvolver vínculos maiores com o mercado internacional (que no nosso caso quer dizer EUA, Europa Ocidental, Japão, América Latina e África), mas de definir soberanamente nossa inserção no "sistema produtivo internacionalizado". E trata-se sobretudo da construção de uma sociedade que tem na empresa uma de suas molas, tem na organização da sociedade civil — com seus reclamos de cidadania, igualdade e liberdade — seu mecanismo fundamental. Empresa, nesse sentido, quer dizer: organização, tecnologia (portanto, criatividade) e um certo espírito de risco que só a competição assegura. A empresa pode ser privada, pública ou mesmo comunitária. Mas terá de pautar-se por essas características para ser moderna. Pode visar ao lucro por si ou tê-lo como parâmetro de racionalidade para sustentar políticas sociais. Pode até mesmo estar fora do mercado, pois hoje tudo, mas tudo mesmo (até um partido político, um sindicato ou uma igreja), para ser moderno, depende de organização, criatividade, competitividade e risco.

Nosso desafio é a construção de uma sociedade que tem na empresa uma de suas molas, mas na organização da sociedade civil — com seus reclamos de cidadania, igualdade e liberdade — seu mecanismo fundamental.

Há dois riscos polares nessa questão: se o país não se integra à economia global, sofre a "cambodjização"; se o faz sem soberania das decisões, passa a ser reserva de mercado dependente dos centros mundiais de poder.

Mais uma vez, o Brasil deve encontrar um caminho intermediário que permita a abertura soberana da economia para permitir sua modernização e integração, de maneira competitiva, na economia mundial

Ora, se estivermos dispostos a essa "globalização soberana" haverá que dar lugar de proa tanto ao desenvolvimento científico como ao "desenvolvimento político", entendendo-se que só há democracia moderna sem populismo, sem que se pense nos "direitos" e "regalias" a serem concedidos pelo Estado independentemente do crescimento da produção, mas com muita ênfase no social.

[...]

A antinomia "estatização"-"privatização" é um falso problema. Infelizmente, em nosso debate atual perdemo-nos frequentemente no arcaísmo. Os "progressistas" defendem o populismo e os "conservadores", o atraso. De igual modo, enquanto os primeiros acabam por reduzir suas expectativas quanto à ação modernizadora do Estado à manutenção (e às vezes ampliação) do "monopólio estatal" ou do monitoramento do mercado pelo governo, os últimos veem em cada ação do Estado — às vezes indispensável — uma "ameaça" à iniciativa privada.

Ou seja, se quisermos prosseguir no itinerário da modernização teremos de reagir contra o cartorialismo e o clientelismo, que não apenas enchem de votos os políticos ligados a essas práticas, mas enchem de dinheiro os bolsos e os cofres dos homens que não sabem senão falar de "iniciativa privada", mas vivem dos favores oficiais.

Por paradoxal que possa parecer, para romper-se esse círculo vicioso é preciso ao mesmo tempo vitalizar a empresa (e dotar o setor produtivo do Estado de espírito verdadeiramente empresarial), liberar o Tesouro do assédio de seus prestamistas e beneficiários e ampliar consideravelmente a área de pressão social sobre as

Tudo depende hoje de organização, criatividade, competitividade e risco. A antinomia estatização versus privatização é um falso problema.

políticas públicas para torná-las, de fato, instrumentos do bem-estar, da distribuição de renda e de melhores condições de vida para o povo.

[...]

No fundo, portanto, é esta a grande opção: ou o Brasil se desenvolve economicamente, o Estado se moderniza e o país

171

opta por políticas sociais e econômicas que redistribuam a renda e aumentem o bem-estar do povo ou vira não mais a "Belíndia" — a pequena "Bélgica" do Sul encravada no coração da "Índia" do Nordeste — mas uma Nigéria, despedaçada entre suas regiões desigualmente desenvolvidas, ostentando a miséria de Bangladesh e mantendo os objetivos do Cambodja dos khmer vermelhos que queriam isolar-se do mundo.

O mundo em português: um diálogo
[Diálogo entre Fernando Henrique Cardoso e Mário Soares, 1998]

MS: *Falta responder à questão do papel que cabe à intelectualidade no futuro que quer para o Brasil.*

FHC: Acho que a intelectualidade, no mundo contemporâneo, só tem de ser uma coisa: independente e criativa. Não espero que a intelectualidade adira a um projeto nacional formulado por mim ou pelo governo ou por quem quer que seja. Não é essa a sua função, não vai nem deve acontecer isso. O que é fundamental, a meu ver, no intelectual é a inovação. A inovação não tem a ver com a razão analítica, tem a ver com a imaginação.

MS: *Sim, mas para a afirmação do Brasil, como grande potência mundial do próximo século, é indispensável, parece-me, que a inteligência brasileira esteja consciente disso e, portanto, não tenha um vínculo de subordinação a outras culturas. Particularmente, à cultura americana.*

FHC: Nem a visões do passado. Quer dizer, ela tem de ser inovadora e, para sê-lo, tem de ter imaginação. São dois os riscos: um é da cópia sem originalidade, ficar subordinado a uma cultura como a americana; o outro é o de copiar o passado, é não ver o novo...

MS: *Porque a pressão da cultura americana sobre as culturas mundiais é muito forte.*

FHC: É muito forte e aqui também será. Mas é preciso guardar capacidade de reelaboração. Aqui há condições para essa reelaboração. No que diz respeito ao Brasil como um país que se afirme, é preciso que a intelectualidade progressista seja progressista. Gosto muito e tenho citado sempre o livro do Albert Hirschman sobre o pensamento conservador: "Os conservadores são por definição pessimistas"...

MS: *E a esquerda é otimista. Acredita nas transformações para melhor e no futuro.*

FHC: Mas estamos em risco de ter uma esquerda pessimista, que só vê catástrofes, que pensa que tudo vai de mal a pior. Isso não é pensamento progressista, isso é conservador.

A intelectualidade tem aí um papel: é o de ser crítica, mas confiante; crítica, mas otimista. Penso que, quando a intelectualidade entra no pessimismo, passa a ser conservadora também. Esse é o problema — é o desafio, não é o problema — que nós temos no Brasil. Como fazer para que a nossa intelectualidade, sem perder a qualidade crítica, seja otimista, veja o que pode surgir de novo. Essa equação não está resolvida do ponto de vista do conjunto do país como uma afirmação, digamos, de povo, nacional.

Eu cito sempre o Darcy Ribeiro, que, do ponto de vista objetivo, muitas vezes

A intelectualidade tem de ser independente e criativa, crítica mas otimista. O fundamental no intelectual é a inovação, a capacidade de ver o que pode surgir de novo.

está muito equivocado. Os números do Darcy às vezes são imaginários, ele nunca foi rigoroso. Do ponto de vista político, era brizolista, mas tinha essa virtude, que eu acho que é essencial,

173

de ser otimista, de fazer uma crítica confiante e de ver o que é especificamente nosso.

[...]

MS: *Tem se falado muito, ao longo desta conversa, da sociedade civil. Para a nossa geração, o Estado era importante, tinha de ser um Estado democrático, mas quedamos que, por meio do Estado, fosse possível ajudar a transformação da sociedade. Eu pergunto: com que instrumentos pode o Estado fazer face à globalização, à crise que vivemos no fim do século e do milênio?*

FHC: Se estamos admitindo que caminhamos para um padrão em que a sociedade vai ser mais dinâmica e mais autônoma diante do Estado, como se pode dar essa relação?

Do ponto de vista do Estado, há funções que são essenciais. Não me refiro só à segurança, à educação, porque há outras, sobretudo numa sociedade como a nossa. Uma dessas funções é simbólica — ou o Estado é capaz de projetar um modelo de futuro para a sociedade ou não consegue ter uma função integradora nacional. O Estado tem de voltar a ter essa capacidade de reafirmar valores positivos para o país.

Achar que tudo vai de mal a pior não é pensamento progressista. É conservador. Ou o Estado projeta um modelo de futuro para a sociedade ou não tem uma função integradora nacional.

[...] Outra função é a de lidar com a globalização, de ter a capacidade de ver o que está acontecendo e de definir políticas reativas e até propositivas. [...] O Estado recolhe informações de toda a sociedade, desempenha o papel de dinamizador de informações, de processador de informações, e tem mais condições de antever as dificuldades e também as oportunidades abertas por esse processo global.

[...]

MS: *Quando se discute o que é a esquerda e a direita, tenho defendido que ser de esquerda é, antes de mais nada, ter uma visão otimista da vida, achar que o homem pode transformar o mundo para melhor.*

FHC: Estou de acordo, não há determinismo algum. O que houve foi uma mudança no sistema produtivo. [...] Mas há uma contradição: esse sistema está gerando uma capacidade de acumulação financeira tão brutal que pode ameaçar o próprio sistema produtivo. Há tanto capital e tão pouca capacidade efetiva de investir para transformar o capital especulativo em capital produtivo que — para falar em termos marxistas — estamos diante de uma nova contradição.

Não existe o fim da história. Nada nos permite prever que o capitalismo seja eterno. Não tem sentido, portanto, falar em "pensamento único", em uma só ideologia.

Não existe o fim da história, nada nos permite prever que o capitalismo seja eterno. Portanto, não se deve pensar em uma só ideologia, um "pensamento único". É aí que entra a crise da civilização, questão dos valores, que entendo ser fundamental.

MS: *Os valores do humanismo universalista.*

FHC: Esses valores continuam sendo fundamentais. Julgo que ser progressista hoje é reintroduzir a questão dos valores do humanismo nas condições da globalização. É discutir o sistema de controle das decisões mundiais. É questionar o hegemonismo. É afirmar a necessidade de haver diálogo ecumênico entre as religiões. É discutir os valores de integração na sociedade contemporânea, nas suas crises existenciais — da droga, da violência — em que existe uma tremenda carência de valores de afetividade. É a questão da música para os jovens, de que já falamos.

Como é que as pessoas se congraçam? As religiões, no passado, foram um elemento fundamental para congregar. Hoje, talvez menos, não sei se não será preciso afirmar valores seculares, não só os religiosos, que incentivem a solidariedade. Para falar em termos sociológicos, nós estamos assistindo a um mundo em que está crescendo muito aquilo a que se chamava *Gesellschaft*, que em alemão quer dizer sociedade, ou o que podemos chamar de relações contratuais. Mas, no momento em que tudo vira contrato, o que mais se requer é o polo oposto do contrato, o *Gemeinschaft*, que quer dizer comunidade, estar em conjunto. A ânsia por mais solidariedade é central para a crítica da globalização.

Ser progressista hoje é reintroduzir a questão dos valores do humanismo nas condições da globalização. É discutir os valores de integração na sociedade contemporânea.

MS: *Sim, não podemos escapar-lhe...*
FHC: Nem nos conformarmos passivamente com ela.

MS: *Mas o problema, em relação ao seu discurso, é que, hoje, com a integração econômica entre os países, os grupos econômicos têm o poder de se sobrepor aos próprios Estados. [...] A "teologia do mercado" gera desigualdades e essas desigualdades só podem ser corrigidas por ação do Estado. Mas se o Estado não está ao abrigo das pressões do próprio capitalismo, é evidente que os seus esforços para fomentar a igualdade e a solidariedade tornam-se muito precários.*
FHC: Não é só a ação do Estado, é a ação pública. Por isso é que eu falo da radicalização da democracia, que é a maneira de evitar que o Estado seja dominado por uma força única.
[...]

MS: *No nível de um só Estado, essa transformação não é possível.* [...] *Só por meio de grandes organizações regionais como a União Europeia ou o Mercosul.*

FHC: As relações entre as sociedades, as empresas, a comunicação não passam apenas pelas relações entre os Estados. Na própria diplomacia, que era a linguagem do Estado, a representação do Estado, os diplomatas terão de lidar com problemas que transcendem a questão nacional — a questão ecológica, por exemplo.

Há agentes novos e autônomos no relacionamento entre os países, que, embora necessitem de alguma instrumentação dos Estados, não se resumem a eles. Os turistas são um exemplo de contato não estatal entre povos, que terá uma importância crescente. As organizações de tipo humanitário, de fiscalização dos direitos humanos, que tanta reação causaram no Brasil durante o regime militar, são outro exemplo. A ideia de soberania no regime militar não aceitava o olhar do outro, era soberba.
[...]

MS: *A soberania partilhada para se ir mais longe na afirmação dos Estados...*

FHC: Trata-se de criar novos conceitos de soberania, não podemos ficar amarrados aos antigos, nem descrer dos novos.

Não houve só a crise do comunismo, houve também a crise da social-democracia. Tudo isso é certo, mas devemos resgatar certas ideias do passado e que podem ser vigentes, se forem renovadas. O ideal de ação política, de ação social, tem de ser mantido, mas não só na mão do Estado, tam-

> **Trata-se de criar novos conceitos de soberania. Não podemos ficar amarrados aos antigos. Estamos vivendo um novo momento da humanidade como sujeito concreto da história.**

177

bém na mão da sociedade, criando-se espaços para a ação pública.

O Estado não pode imaginar que a burocracia seja o único agente de bem-estar social, de transformação. Existem outras organizações na sociedade que são atuantes. Isso vale em nível mundial, também. Não podemos pensar que o Estado nacional ficará imune à presença e à ação dinamizadora de agentes que são transnacionais. Não são só as empresas econômicas transnacionais que defendem interesses próprios. Tem de haver transnacionais do bem-estar social, transnacionais da ecologia, transnacionais dos direitos humanos — o que, de alguma maneira, começa a existir dispersamente — e criando até novas formas de legitimidade e de direito.

[...]

[...] Estamos vivendo um novo momento da humanidade como sujeito concreto da história e isso será ainda mais visível no próximo século. A humanidade era uma ideia abstrata. Agora, com a situação quase agônica que se vive no mundo, está deixando de ser. No passado, dávamos como assente que a reprodução da natureza garantiria a vida *per omnia*.

Hoje não é mais assim. Ou se aumenta o grau de racionalidade no uso da natureza, e portanto se forja um controle que seja compartilhado e discutido, ou a humanidade corre riscos. Voltamos, de alguma maneira, à velha tradição otimista e racionalista do pensamento progressista. O pensamento progressista não pode ser um pensamento apenas sustentado na generosidade. Tem de ter uma base racional, caso contrário não controlaremos os fatores que põem em risco a sobrevivência das gerações futuras.

Havia muita pobreza no Brasil. Mas, há 40 ou 50 anos, o país não tinha como resolver a questão da pobreza. Hoje começa a poder resolvê-la. Por isso, hoje a pobreza é imoral. Tornou-se um problema ético. Na escala do mundo é exatamente a mesma coisa. O mundo tem como resolver os problemas da pobreza. A questão da disponibilidade da alimentação é óbvia — há comida em excesso e, ao mesmo tempo, continua a haver fome. A questão da repartição da renda continua central.

[...]

Ao longo de toda esta conversa, insisti no que penso: estamos diante de um novo momento da história do capitalismo e da humanidade. Nele, o predomínio cego das forças de mercado levará a exclusão social e a desigualdade crescentes. Do mesmo modo, o desconhecimento das realidades produtivas que condicionam o mercado levará a propostas inócuas, ainda que generosas. Há, pois, opções e a ação política é necessária para evitar essas duas situações.

Mais complexo ainda: se é certo que houve a "globalização econômica", o poder nacional mantém-se ancorado nos Estados e, do mesmo modo, as sociedades são exigentes no nível imediato e local. Falta, pois, um elo entre o econômico, o político e o social em nível planetário. Esse elo não pode ser um "Estado geral", nem a imposição de um Estado específico sobre outros, como no velho imperialismo.

Falta um elo entre o econômico, o político e o social em nível planetário. Está em formação uma "opinião pública mundial" sem cujo apoio nem o Estado mais forte é capaz de impor sua vontade.

A nação mais poderosa, os Estados Unidos, é predominante, mas não é nem deverá ser hegemônica. Ainda que o quisesse: a própria globalização das informações e dos meios de comunicação serve de sustentação prática à formação de uma "opinião pública mundial", sem cujo apoio nem o Estado mais forte é capaz de impor sua vontade. A última tentativa, frustrada, de guerra ao Iraque é prova disso.

Se conclusão posso tirar de nosso diálogo é a de que, sem renegar nossos valores originais, acertando o compasso com a História (fazendo cada um de nós dois de modo próprio um *aggiornamento* de ideias e de práticas políticas), continuamos progressistas por isso mesmo, confiantes e otimistas quanto ao futuro de nossos países, de nossos povos e da própria humanidade.

O presidente segundo o sociólogo
[Entrevista a Roberto Pompeu de Toledo, 1998]

FHC — A maneira como mudam sociedades complexas, mediatizadas, não é como se imaginava antes.

— *Quando o sr. diz "não é como se imaginava antes", quer dizer que não é de acordo com a receita marxista?*

— Marxista, mas não só marxista. Mesmo os autores não marxistas, quando teorizam sobre a Revolução Francesa, vão dizer que havia uma luta social e que essa luta teve esse ou aquele desdobramento, que quebrou o Estado...

Como as sociedades hoje são muito diversificadas e os polos de decisão não são centralizados, podem ocorrer mudanças muito bruscas e imprevisíveis. Daí o curto-circuito. Se houver muito fio desencapado, a probabilidade de curto-circuito é alta.

Para acontecer isso, é preciso comunicar. Primeiro, ter algo que comunicar, e depois fazer com que isso passe aos vários segmentos. Não é um segmento contra o outro, é uma comoção que percorre os diversos segmentos. Quando se consegue fazer, é como

Nas sociedades complexas, mediatizadas, a mudança pode ser brusca, inesperada. Dá uma "fervura" na sociedade. Depois da fervura a sociedade assenta, mas as coisas já mudaram.

180

se houvesse "uma fervura" na sociedade. Os mais exaltados podem achar que a sociedade vai ferver para sempre. Não vai. Depois da fervura, ela assenta. Mas aí algo já mudou. Não muda tudo, mas os setores que estão incapazes de satisfazer as expectativas, as demandas da sociedade, esses caem ou mudam. Se esse setor ocupar uma posição central na sociedade, haverá uma mudança mais global.

A força das pessoas é cada vez maior. Estamos vivendo a volta do ator na história. A sociologia privilegiou o grupo, a classe como ator. Hoje o indivíduo reassume um papel na história.

A sociedade moderna é mais surpreendente na mudança e, portanto, mais perigosa, sob o ponto de vista da ordem. Para quem se preocupa muito com a ordem, vive-se sempre em perigo. O dia corre tranquilamente e, de repente, ocorre algo que complica tudo.

Não se tem mais um esquema explicativo consistente do mundo. O que se tem é a dúvida, e a dúvida não é boa conselheira do poder. O poder precisa de explicações tranquilizadoras.

[...] É preciso, quando se olha para as teorias da mudança — as teorias e as práticas — injetar nelas sempre um componente, digamos assim, de arte. Ou seja, de incerteza, de criatividade. Há outra coisa paradoxal: numa sociedade em que cada vez mais tudo é estrutural, tudo regulamentado, a força das pessoas é muito grande. Precisa-se de quem desempenhe determinados papéis, precisa-se do ator. É a volta do ator na história, a volta do indivíduo.

Toda a nossa formação sociológica privilegiou o grupo como ator, a classe como ator. Continua sendo assim, não tenho dúvidas, mas ao mesmo tempo o indivíduo reassume um papel grande na história.
[...]

— O senhor está querendo dizer que a nova ordem mundial, dado esse quadro, terá de ser negociada?
— Isso mesmo. Na minha utopia, e utopia realista, como gosto de dizer sempre, embora seja uma contradição nos termos, já estão sendo assentadas as bases para a repactuação da ordem mundial. Não digo que seja amanhã. É diferente o tempo do intelectual e o do presidente. O do presidente são quatro anos. O intelectual pode pensar em 50 anos, com tranquilidade. Creio que, entrados no novo milênio, assistiremos a uma repactuação. E o que tenho a fazer, como presidente, é tentar assegurar para o Brasil um lugar na mesa de negociação.

— Mas não há uma limitação do conceito de soberania?
— Sim, quando se faz um acordo sobre o clima, ou sobre a droga, isso é sempre uma limitação. Quando se fala em limitar a soberania, isso, aqui, é sentido como ameaça ao território. Essa não é mais a ameaça. O mundo é outro.
[...]

— Que papel caberia à China, nas negociações que o senhor imagina para uma nova ordem?
— A absorção da China, nesse sistema de decisões, é fundamental. Os americanos sabem disso. Olhando para a metade do próximo século, eles sabem que a China poderá ser ou o grande rival ou o grande companheiro.

A tolerância é o nome da paz, no futuro. O Brasil leva uma vantagem nisso. Nosso espírito de conciliação, de tolerância, pode vir a ser a nossa força.

O lado do mundo que me parece mais complicado, para sentar à mesa, é o fundamentalista. Porque, para se construir um mundo compartilhado, é preciso ter valores mais flexíveis. Acho que a tolerância é o nome da paz, no futuro. O Brasil leva uma vantagem nisso. Aquilo que em outras épocas e outras situações foi nossa fraqueza — o espírito de conciliação, de tolerância — pode vir a ser a nossa força.

O maior inimigo desse ideal de um mundo de decisões compartilhadas é o fundamentalismo, qualquer que ele seja. E mais intolerante ele fica quando tem raízes religiosas, como é o caso do fundamentalismo muçulmano. A China não é assim. É mais fácil pensar nela como parceira.

[...]

— Quais serão os efeitos da globalização na cultura?
— Venho de novo com a minha utopia. Imagino que no futuro, nesse mundo de poder mais compartilhado e de responsabilidades compartilhadas, haverá mais respeito e tolerância, e, portanto, respeito à diversidade. Em vez de um mundo homogeneizado, teremos o mundo da diversidade. Haverá lugar para a afirmação nacional e a cultura será o principal elemento disso.

[...] Sou a favor da radicalização da democracia, e isso implica o respeito à pluralidade e à diversidade. Não acredito que estejamos marchando para um mundo opressivo.

[...]

— Mas o senhor não tem contradições?
— Todo mundo tem algumas. Acho que tenho poucas. Se for ler o que escrevi nos anos 70, não é muito diferente do que digo hoje. Não vou negar que o mundo mudou e que também mudei, mas não esqueço o que escrevi. O modo fundamental como eu via o que estava acontecendo no mundo, na questão da globalização, por exemplo, é o mesmo.

FHC, oito anos depois

[Entrevista a Roberto Pompeu de Toledo, *Veja*, 20 de novembro de 2002]

— *Que diferencia o Brasil de 1994 do Brasil de 2002?*
— A estabilidade. E não só no sentido econômico, mas no sentido genérico da palavra. No Brasil de 1994 já havia começado o Plano Real, mas não sabíamos até que ponto teríamos condições de reorganizar as bases do governo e da economia, para propiciar depois um período de crescimento sustentado. Isso é o primeiro degrau da questão. O segundo, e mais importante, é a estabilidade, digamos, dos valores.

O Brasil de 1994 ainda vinha da cicatrização de uma operação na democracia, que foi o *impeachment*, e não tínhamos tido ainda experiência mais prolongada de um regime de presidente eleito. O que foi eleito acabou deposto e os outros não tinham sido eleitos. No Brasil de hoje, a normalização dos valores democráticos é algo palpável. Ninguém põe mais em dúvida as instituições democráticas.

O Brasil de 1994 já era um Brasil de liberdade — de imprensa etc. Hoje chegamos à culminação desses valores, até no que diz respeito ao legado do passado autoritário. Acabamos com tudo o que havia de restrição e de injustiça praticadas em função do regime militar. É um assunto que nem se menciona mais. Hoje a liberdade e a democracia são como o oxigênio — você pensa que não tem importância porque tem em abundância.

Liberdade e democracia são como o oxigênio. Não se dá importância quando se tem em abundância.

— *O senhor asseguraria que esses valores estão aí para ficar?*
— Acho que estão. São valores enraizados na sociedade. E também as instituições se fortaleceram. Nesses anos não houve crise institucional alguma. Nem choque com o Congresso, nem com

as Formas Armadas, nem com as instituições judiciárias. Isso como que desapareceu, não digo do horizonte, porque é pensar muito longe na História, mas neste momento não constitui preocupação.

[...]

— *Recentemente o senhor fez uma autocrítica, afirmando que governar o Brasil não era tão fácil quanto disse uma vez. Que lhe ensinou esse período, em matéria de liderança ou tomada de decisões?*

— Eu disse isso um dia quando estava saindo do palácio. Alguém me perguntou se era difícil, eu respondi: "Acho que até é fácil". Até hoje acho que, comparativamente com outros países, não é tão difícil. Não temos aqui ódios raciais nem fundamentalismos religiosos. Temos uma certa inclinação, que sempre foi malvista pela intelectualidade, para a conciliação. E um certo pragmatismo — não espanhol, mas português. Pode-se dizer: "É falta de princípios". Será? Os chamados princípios não trairiam uma certa intolerância? A tolerância torna mais ameno o ato de governar.

Temos uma certa inclinação, malvista pela intelectualidade, para a conciliação. E um certo pragmatismo. Será falta de princípios? A tolerância torna mais ameno o ato de governar.

Agora, obviamente, há dificuldades. Você tem de conciliar interesses extremamente diferenciados. Esta é uma sociedade com muitas urgências e que, com a liberdade, aprendeu a reivindicar. E que exige para já, como se fosse um ato aquilo que é um processo e que depende de tempo. É como se de repente os 500 anos de injustiça clamassem tão forte que as pessoas quisessem resolvê-los em um ano. Mas é preciso compreender isso. Nós nunca tivemos tanta liberdade e tanta informação. Televisão, rádio, informática, tudo isso deixou a sociedade muito mais informada. A sociedade sabe dos problemas e tem pressa de resolvê-los. Depois, há a tendência para enxergar sempre o lado negativo das coisas.

[...]

— *O senhor parece que já viu a globalização mais positivamente do que hoje. Chegava a vislumbrar um novo Renascimento. O senhor repetiria isso hoje?*
— Essa minha ideia tem a ver com a consciência de que o homem deve ser o centro de todas as coisas. Por causa das revoluções tecnológicas, do avanço dos meios de comunicação, dos meios de transporte, hoje tudo o que afeta um pedacinho do planeta afeta os outros. Você vê todo dia o que está acontecendo na Faixa de Gaza, no Afeganistão, no Rio de Janeiro. Isso de alguma maneira amplia a consciência das pessoas, elas saem de seu umbigo. Nesse sentido é que eu penso: quem sabe o homem passe de novo a ser o metro das coisas, que era a ideia renascentista?

— *Aumentaram suas dúvidas com relação à globalização?*
— Minha crítica à globalização é que ela é assimétrica e não solidária. Temos tanta possibilidade de fazer melhor e estamos fazendo mal. É um escândalo que, com tanta possibilidade, se deixe a África morrer à míngua. Nunca foi tão verdadeiro dizer que o ser humano tem hoje todas as condições de mudar de vida. Não tínhamos no século XIX. Nem na primeira metade do século XX. Não tínhamos nem acumulação de riqueza, nem os meios técnicos, nem a competência para resolver esses problemas. Hoje temos. Portanto, é mais grave não fazê-lo. Quando eu digo que hoje o desenvolvimento é uma questão ética, o que quero dizer é isto: não fazemos o que está ao nosso alcance fazer. Minha crítica à globalização, portanto, desse ângulo, aumentou.

— Não lhe dá amargura o fato de uma famosa frase sua, "O Brasil não é um país pobre, mas um país injusto", ainda se mostrar atual, oito anos depois?

— Tenho uma visão histórica. Não se resolvem 500 anos de injustiça em oito anos. A pergunta que deve ser feita é: "Ficou mais ou menos injusto?". Acho que ficou menos. Porque nós começamos a universalizar o acesso da população àquilo que é básico: educação, saúde e terra. O indicador mais vistoso que temos nesse sentido é o acesso à escola. Nós universalizamos praticamente o acesso à escola. Pode-se dizer pela primeira vez na história do Brasil que o analfabetismo está morrendo, é residual. O dado que mais me chama a atenção é que, no começo dos anos 90, só 75% das crianças negras estavam na escola. Agora, 93% estão. No total, 97% das crianças estão na escola. O problema maior ainda se concentra nos negros, que são os mais pobres. Mas há um avanço.

Não se resolvem 500 anos de injustiça em oito anos. Acho que o Brasil ficou menos injusto.

Não há um dado social que não tenha melhorado nas camadas mais pobres. E, mais importante do que isso talvez, não há um dia no Brasil hoje em que não se faça menção à injustiça social. Aquilo que era um dado de realidade hoje é questionado o dia inteiro. Mesmo quando há melhoria, afirma-se: "Ah, não foi o suficiente." A consciência da injustiça ajuda a combatê-la, mesmo se às vezes se volte contra o governo.

[...]

— De um ponto de vista pessoal, o que diferencia o Fernando Henrique Cardoso de 1994 e o de 2002?

— É difícil de julgar. Acho que tenho uma visão mais complexa, mais diferenciada, das coisas. Sei mais das dificuldades na realização dos projetos, talvez conheça mais as pessoas.

Por outro lado, para ser presidente, nas atuais condições de democracia e de estabilidade, é preciso aumentar seu grau de paciência. Não adianta querer fazer depressa, que não consegue. Ao mesmo tempo, não se pode desistir. Precisa-se de paciência e persistência. Também se tem de ter mais humildade para encarar o outro. É preciso relevar, e aprender, mais e mais, a separar o que é fundamental do que não é. E não se pode deixar se envolver pelo turbilhão do dia a dia. É preciso prestar atenção à crítica, mas também manter a reflexão crítica sobre a crítica.

Para onde vamos?
[*O Estado de S.Paulo/O Globo*, 1º de novembro de 2009]

A enxurrada de decisões governamentais esdrúxulas, frases presidenciais aparentemente sem sentido e muita propaganda talvez levem as pessoas de bom senso a se perguntarem: afinal, para onde vamos? Coloco o advérbio "talvez" porque alguns estão de tal modo inebriados com "o maior espetáculo da Terra", de riqueza fácil que beneficia poucos, que tenho dúvidas. Parece mais confortável fazer de conta que tudo vai bem e esquecer as transgressões cotidianas, o discricionarismo das decisões, o atropelo, se não da lei, dos bons costumes. Tornou-se habitual dizer que o governo Lula deu continuidade ao que de bom foi feito pelo governo anterior e ainda por cima melhorou muita coisa. Então, por que e para que questionar os pequenos desvios de conduta ou pequenos arranhões na lei?

Só que cada pequena transgressão, cada desvio vai se acumulando até desfigurar o original. Como dizia o famoso príncipe tresloucado, nessa loucura há método. Método que provavelmente não advém do nosso príncipe, apenas vítima, quem sabe, de apoteose verbal. Mas tudo o que o cerca possui um DNA que, mesmo sem conspiração alguma, pode levar o País, devagarzinho, quase sem que se perceba, a moldar-se a um estilo de política e a uma forma de relacionamento entre Estado, economia e sociedade que pouco têm que ver com nossos ideais democráticos.

É possível escolher ao acaso os exemplos de "pequenos assassinatos". Por que fazer o Congresso engolir, sem tempo para respirar, uma mudança na legislação do petróleo mal explicada, mal-ajambrada? Mudança que nem sequer pode ser apresentada como uma bandeira "nacionalista", pois, se o sistema atual, de concessões, fosse "entreguista", deveria ter sido banido, e não foi. Apenas se juntou a ele o sistema de partilha, sujeito a três ou quatro instâncias político-burocráticas para dificultar a vida dos empresários e cevar os facilitadores de negócios na máquina pública. Por que anunciar quem venceu a concorrência para a compra de aviões militares, se o processo de seleção não terminou? Por que tanto ruído e tanta ingerência governamental numa companhia (a Vale) que, se não é totalmente privada, possui capital misto regido pelo estatuto das empresas privadas? Por que antecipar a campanha eleitoral e, sem nenhum pudor, passear pelo Brasil, à custa do Tesouro (tirando dinheiro do seu, do meu, do nosso bolso...), exibindo uma candidata claudicante? Por que, na política externa, esquecer-se de que no Irã há forças democráticas, muçulmanas inclusive, que lutam contra Ahmadinejad e fazer mesuras a quem não se preocupa com a paz ou com os direitos humanos?

Cada pequena transgressão, cada desvio vai se acumulando até desfigurar o original. O que pode levar o país, sem que se perceba, a um estilo de política e a uma forma de relacionamento entre Estado, economia e sociedade que pouco têm que ver com nossos ideais democráticos.

Pouco a pouco, por trás do que podem parecer gestos isolados e nem tão graves assim, o DNA do "autoritarismo popular" vai minando o espírito da democracia constitucional. Esta supõe regras, informação, participação, representação e deliberação consciente. Na contramão disso tudo, vamos regressando a formas políticas do tempo do autoritarismo militar, quando os "projetos de impacto" (alguns dos quais viraram "esqueletos", quer dizer, obras que deixaram penduradas no Tesouro dívidas impagáveis) animavam as empreiteiras e inflavam os corações dos ilusos: "Brasil, ame-o ou deixe-o." Em pauta temos a Transnordestina, o trembala, a Norte-Sul, a transposição do São Francisco e as centenas de pequenas obras do PAC, que, boas algumas, outras nem tanto, jorram aos borbotões no Orçamento e mínguam pela falta de competência operacional ou por desvios barrados pelo Tribunal de Contas da União. Não importa, no alarido da publicidade, é como se o povo já fruísse os benefícios: "Minha Casa, Minha Vida"; biodiesel de mamona, redenção da agricultura familiar; etanol para o mundo e, na voragem de novos slogans, pré-sal para todos.

Diferentemente do que ocorria com o autoritarismo militar, o atual não põe ninguém na cadeia. Mas da própria boca presidencial saem impropérios para matar moralmente empresários, políticos, jornalistas ou quem quer que seja que ouse discordar do estilo "Brasil potência". Até mesmo a apologia da bomba atômica como instrumento para que cheguemos ao Conselho de Segurança da ONU — contra a letra expressa da

Constituição – vez por outra é defendida por altos funcionários, sem que se pergunte à cidadania qual o melhor rumo para o Brasil. Até porque o presidente já declarou que em matéria de objetivos estratégicos (como a compra dos caças) ele resolve sozinho. Pena que se tenha esquecido de acrescentar: "*L'État, c'est moi*." Mas não se esqueceu de dar as razões que o levaram a tal decisão estratégica: viu que havia piratas na Somália e, portanto, precisamos de aviões de caça para defender o "nosso présal". Está bem, tudo muito lógico.

Pode ser grave, mas, dirão os realistas, o tempo passa e o que fica são os resultados. Entre estes, contudo, há alguns preocupantes. Se há lógica nos despautérios, ela é uma só: a do poder sem limites. Poder presidencial com aplausos do povo, como em toda boa situação autoritária, e poder burocrático-corporativo, sem graça alguma para o povo. Este último tem método. Estado e sindicatos, Estado e movimentos sociais estão cada vez mais fundidos nos altos-fornos do Tesouro. Os partidos estão desmoralizados. Foi no "dedaço" que Lula escolheu a candidata do PT à sucessão, como faziam os presidentes mexicanos nos tempos do predomínio do PRI. Devastados os partidos, se Dilma ganhar as eleições sobrará um subperonismo (o lulismo) contagiando os dóceis fragmentos partidários, uma burocracia sindical aninhada no Estado e, como base do bloco de poder, a força dos fundos de pensão. Estes são "estrelas novas". Surgiram no firmamento, mudaram de trajetória, e nossos vorazes mas ingênuos capitalistas recebem deles o abraço da morte. Com uma ajudinha do BNDES, então, tudo fica perfeito: temos a aliança entre o Estado, os sindicatos, os fun-

> Se há lógica nos despautérios, ela é uma só: a do poder sem limites. Poder presidencial com aplausos do povo, como em toda boa situação autoritária, e poder burocrático-corporativo, sem graça alguma para o povo.

dos de pensão e os felizardos de grandes empresas que a eles se associam.

Ora, dirão (já que falei de estrelas), os fundos de pensão constituem a mola da economia moderna. É certo. Só que os nossos pertencem a funcionários de empresas públicas. Ora, nestas, o PT, que já dominava a representação dos empregados, domina agora a dos empregadores (governo). Com isso os fundos se tornaram instrumentos de poder político, não propriamente de um partido, mas do segmento sindical-corporativo que o domina. No Brasil os fundos de pensão não são apenas acionistas — com a liberdade de vender e comprar em bolsas —, mas gestores: participam dos blocos de controle ou dos conselhos de empresas privadas ou "privatizadas". Partidos fracos, sindicatos fortes, fundos de pensão convergindo com os interesses de um partido no governo e para eles atraindo sócios privados privilegiados, eis o bloco sobre o qual o subperonismo lulista se sustentará no futuro, se ganhar as eleições. Comecei com para onde vamos? Termino dizendo que é mais do que tempo de dar um basta ao continuísmo, antes que seja tarde.

> **Partidos fracos, sindicatos fortes, fundos de pensão convergindo com os interesses de um partido no governo e para eles atraindo sócios privados privilegiados, eis o bloco sobre o qual o subperonismo lulista se sustentará se ganhar as eleições. É mais do que tempo de dar um basta ao continuísmo, antes que seja tarde.**

Referências

A cartola de Fernando. Entrevista a Mino Carta. *Carta Capital*, nº 3, 1994.

A ciranda do desenvolvimento importado. Entrevista a Jorge Pinheiro. *Folha de S.Paulo*, 9 dez. 1979.

A crise e as opções nacionais. Brasília: Senado Federal, 1988.

A democracia na América Latina. *Novos Estudos Cebrap*, São Paulo, nº 10, out. 1984.

A esfinge fantasiada. *Opinião*, nº 9, 1-8 jan. 1973.

Agenda para o século XXI: a utopia viável. Brasília: Presidência da República, 1995.

Ainda a greve. *Folha de S.Paulo*, 7 maio 1980.

A questão da democracia. *Debate & Crítica*, nº 3, jul. 1974.

A questão da democracia contemporânea. *Folha de S.Paulo*, 17 jul. 1977.

As concessões temerárias. *Opinião*, nº 13, 29 jan.-5 fev. 1973.

As injustiças e o silêncio. *Folha de S.Paulo*, 24 out. 1976.

As razões do presidente. Entrevista a Roberto Pompeu de Toledo. *Veja*, 10 set. 1997.

A utopia realista. *Veja*, 20 maio 1992.

Chega de retórica. *Veja*, 3 ago. 1977.

Collor é um cadáver político. *Folha de S.Paulo*, 22 ago. 1992.

Considerações sobre a situação do país. Brasília: Senado, 1983.

Creio na conversa e na possibilidade de mudar. *Nova*, nº 98, 1982.

Democracia hoje. *Plural*, v. 1, nº 2, out./dez. 1978.

Democracia para mudar: Fernando Henrique Cardoso em 30 horas de entrevistas. Org. José Augusto Guilhon Albuquerque. Rio de Janeiro: Paz e Terra, 1978.

Democracia, simplesmente. *IstoÉ*, 3 ago. 1977.

Deve-se discutir com os militares as funções que lhes cabem e os seus limites. Entrevista a Lourenço Dantas Mota. *O Estado de S.Paulo*, v. 4, nº 165, 7 ago. 1983.

Discurso de despedida do Senado: filosofia e diretrizes do governo. Brasília: Presidência da República/Secretaria de Comunicação Social, 1995.

Duas vocações. Entrevista a Judith Patarra. *Nova*, nov. 1981.

Em busca da saída. *Veja*, 4 set. 1991.

Entrevista a Miriam Leitão. *Playboy*, out. 1984.

Ética e política. *Folha de S.Paulo*, 2 jul. 1981, p. 152-153.

FHC, oito anos depois. Entrevista a Roberto Pompeu de Toledo. *Veja*, 20 nov. 2002.

Gladiadores de marionetes. *Opinião*, nº 11, 15-22 jan. 1973.

Maio de 1968: não passou de um começo. *IstoÉ*, 10 maio 1978.

Me considero de esquerda. *Veja*, 22 mar. 2006.

Não esqueçam o que eu escrevi. *Folha de S.Paulo*, 10 maio 2003.

Nem cara, nem coroa. Entrevista. *Folha de S.Paulo*, 11 mar. 1990.

Notre tâche n'est pas de gouverner mais de transformer. *Le Monde*, 25 maio 1996.

O candidato Cardoso. *IstoÉ*, 13 set. 1978.

O autoritarismo e a democratização necessária. *Cadernos de Opinião*, 1975.

O Brasil na visão de FH e Alain Touraine. *O Estado de S.Paulo*, 21 jan. 1996.

O impacto da globalização nos países em desenvolvimento: riscos e oportunidades. Conferência no Colégio do México. Cidade do México, 20 fev. 1996.

O intelectual Fernando Henrique Cardoso, filho e neto de generais, fala de militares, de estudantes, do futuro político do país. Entrevista a Jorge Cunha Lima. *Status*, nº 43, fev. 1978.

O pensamento global de FHC. Entrevista a Jorge Caldeira, Luiz Felipe D'Avila e Reinaldo Azevedo. *República*, 2000.

O presidente segundo o sociólogo: entrevista de Fernando Henrique Cardoso a Roberto Pompeu de Toledo. São Paulo: Companhia das Letras, 1998.

Os impasses da cultura. Entrevista a Zuenir Ventura. *Visão*, nº 43, ago. 1973.

Os males do presente e as esperanças do futuro. *Folha de S.Paulo*, 8 jan. 1978.

O Futuro Hoje, p. 4.

Os mitos da oposição – II. *Opinião*, nº 22, 2-9 abr. 1973.

Os rumos da oposição. *Folha de S.Paulo*, 24 maio 1979.

Os trabalhadores e a democracia. *Folha de S.Paulo*, 28 maio 1978.

Para lembrar o que ele escreveu. Entrevista a Vinicius Torres Freire. *Folha de S.Paulo*, 13 out. 1996. Mais! p. 4-7.

Para onde vamos? *O Estado de S.Paulo/O Globo*, 1. nov. 2009.

Perspectivas da oposição. Texto escrito em fevereiro de 1978. In: GRAEFF, Eduardo P. (org.). *Perspectivas: Fernando Henrique Cardoso: ideias e atuação política*. Rio de Janeiro: Paz e Terra, 1983.

Por uma nova utopia. *Ele Ela*, fev. 1981.

Por um Plano Real na política. *Época*, 7 ago. 2006.

Regime político e mudança social. *Revista de Cultura e Política*, Paz e Terra, nº 3, 1981.

Sarney parece Figueiredo. *Veja*, 29 jun. 1988.

Sem esquecimento. *Folha de S.Paulo*, 26 mar. 1981. Opinião, p. 2.

Uma austera, apagada e vil tristeza. *Opinião*, nº 4, 27 nov.-4 dez. 1972.

Vem aí o imposto sobre grandes fortunas. Entrevista a Miriam Leitão e Marcelo Pontes. *Jornal do Brasil*, 10 set. 1989.

Viagem às ideias do líder nas pesquisas. Entrevista a Tales Alvarenga, Paulo Moreira Leite, Expedito Filho e Roberto Pompeu de Toledo. *Veja*, v. 27, nº 34, 24 ago. 1994.

CARDOSO, Fernando Henrique; SOARES, Mário. *O mundo em português*: um diálogo. São Paulo: Paz e Terra, 1998.

Este livro foi composto nas tipologias Minion e Meta Plus,
e impresso em papel off-white $80g/m^2$
no Sistema Cameron da Divisão Gráfica da Distribuidora Record.